马克思主义经典著作解读丛书

Makesi Zhuyi Jingdian Zhuzuo Jiedu

主编 / 王为全

探索人类解放的新路径

《1844年经济学哲学手稿》

解 读

薛萍 ◎ 著

 中国出版集团
现代出版社

图书在版编目（CIP）数据

探索人类解放的新路径：《1844年经济学哲学手稿》解读 ／ 薛萍著. —
北京：现代出版社，2016.1（2025.1重印）
ISBN 978 – 7 – 5143 – 1538 – 7

Ⅰ. ①探… Ⅱ. ①薛… Ⅲ. ①《1844 年经济学哲学手稿》– 马克思著
作研究 Ⅳ. ①A811.21

中国版本图书馆 CIP 数据核字（2014）第 071971 号

作 者 薛 萍
责任编辑 王敬一
出版发行 现代出版社
通讯地址 北京市安定门外安华里 504 号
邮政编码 100011
电 话 010 – 64267325 64245264（传真）
网 址 www.1980xd.com
电子邮箱 xiandai@ cnpitc.com.cn
印 刷 三河市嵩川印刷有限公司
开 本 700mm ×1000mm 1/16
印 张 12
版 次 2016 年 1 月第 1 版 2025 年 1 月第 3 次印刷
书 号 ISBN 978 – 7 – 5143 – 1538 – 7
定 价 48.00 元

序　言

　　《1844 年经济学哲学手稿》（以下简称《手稿》）是马克思早期最重要著作，是马克思思想发生转变的标志性著作。《手稿》中既有费尔巴哈人本学唯物主义遗迹，又有马克思思想创新的火花。从《〈黑格尔法哲学批判〉导言》对资本主义国家、法的上层建筑的"副本的批判"转向《手稿》对资本主义经济、社会现实的经济基础的"原本的批判"，马克思把人的类本质理解为劳动，立足劳动、实践出发理解人，理解人与动物的不同，理解人与自然的关系，理解人与人的关系，理解工人与资本家之间的关系，理解人类社会，《手稿》成为马克思走向历史唯物主义的出发点。

　　自 1932 年《手稿》公开发表以来，在世界范围掀起了"手稿热"，时至今日，这股热潮仍方兴未艾。研究《手稿》的人不仅有政治家、革命家，还有各界学者，包括经济学界、哲学界、美学界、文艺学界等，甚至形成了不同的学派。这种情况在人类思想史上都是少见的，可以说，没有哪一部马克思主义经典著作得到如《手稿》这样热烈、持久的关注和巨大的争议。

　　读《手稿》，读《手稿》后紧接着的马克思《关于费尔巴哈的提纲》、《德意志意识形态》，发现三部著作中马克思自身思想发生着急剧变化甚至是对立！要知道，1983 年开始的"人道主义与异化问题"争论之前，中国的马克思主义理论研究是忽略《手稿》的，在我们对马克思主义的认识和理解中，作为文本根据的，《手稿》不在其列。那么，如何认识《手稿》和马克思其它著作的关系？究竟什么是真正的马克思主义？马克思思想发展存在怎样的内在逻辑？怎样认识马克思各著作的历史地位？这一系列问题自然而然地出现在我们的脑海之中……

改革开放以来，我国的一些马克思主义理论工作者呼吁重新理解马克思、回到"原点"的马克思，就是要清除我们过去对马克思主义的极"左"的、苏联模式的认识。在新的社会历史时期，我们需要回到原本的马克思，同时我们更需要站在时代的高度、面对时代的要求，重新学习马克思。对于马克思，我们有我们今天的关注焦点、思考问题；在今天《手稿》备受瞩目；在今天我们对马克思主义有了新的理解，而这种理解一定是比过去进步的。

作为马克思主义的"诞生地和秘密"的《手稿》，认真研究它：第一，有助于我们深刻地理解马克思主义形成的历史，了解马克思思想发生转变的历程；第二，有助于我们全面深入地理解马克思主义，弄清马克思主义的理论性质，马克思主义与人道主义的关系等一系列重大的马克思主义理论问题；第三，有助于我们正确对待关于马克思主义理论的不同学说中有价值的成分。西方马克思主义者如赫斯、施蒂纳、马尔库塞、弗洛姆、萨特等，他们的思想中除了偏离马克思主义的错误外，也还存在着值得我们吸取的有益成分，需要我们与时俱进，在新的社会历史条件下认真加以清理和扬弃；第四，有助于我们建设以人为本的和谐社会。80 年代以来的"手稿热"、"人道主义与异化问题"的争论使中国人的目光从追求乌托邦的社会主义理想转向关注当下人的现实生活，具有明确的思想目标转向意义。以人为本，让改革开放的成果惠及全体社会成员，让中国人民过上有尊严的生活，这是我们国家的施政价值理念。

目　录

第一章
《手稿》的写作出版基本情况

　　马克思（1818－1883）马克思主义的奠基人，全世界无产阶级的伟大领袖和导师。1818 年 5 月 5 日出生于德国普鲁士莱茵省特利尔小城的一个犹太籍律师家庭。1835－1841 年，先后在波恩大学和柏林大学学习法律。1837 年，开始钻研黑格尔哲学，并加入青年黑格尔派的"博士俱乐部"。1841 年大学毕业获哲学博士学位。1842 年 10 月—1843 年 3 月，任德国《莱茵报》主编。1843 年 6 月，和燕妮结婚。同年秋，迁居法国巴黎，同卢格合办《德法年鉴》杂志。《德法年鉴》时期马克思发表的一些文章表明他已成为唯物主义者和共产主义者。马克思的两大发现——社会基本矛盾运动规律和剩余价值学说，创立了历史唯物主义和马克思主义政治经济学，也使社会主义从空想变成科学。

　　1847 年，马克思同恩格斯一起应邀参加"正义者同盟"，并将其改组为"共产主义者同盟"。同年出席共产主义者同盟第二次代表大会，受大会委托，同恩格斯一起起草了同盟纲领，这就是著名的科学社会主义的纲领性文献《共产党宣言》。《共产党宣言》的发表，标志马克思主义的诞生。1848 年法国二月革命爆发后，马克思受同盟中央委托，在巴黎筹建新的中央委员会，并当选为同盟主席。4 月，马克思回德国参加革命。1848 年欧洲革命期间，马克思在科伦创办《新莱茵报》。革命失败后，马克思流亡英国伦敦。1867 年马克思《资本论》第一卷发表；《资本论》第二、三卷由恩格斯于 1885、1894 年整理出版。1864年 9 月国际工人协会即第一国际成立后，马克思被选为总委员会委员，兼任德国通讯书记。马克思为国际起草了成立宣言、临时章程和历届代表大会的重要文件，是第一国际的实际领袖和灵魂。1871 年巴黎公社革命期间，马克思受第一国际总委员会委托，写作《法兰西内战》系统地总结了巴黎公社革命的经验教训，论述了马克思主义的无产阶级革命和无产阶级专政理论。马克思晚年致力于帮助各国社会主义政党的成长和理论研究。1883 年 3 月 14 日，马克思病逝于英国伦敦。

马克思的一生是伟大的一生，他和恩格斯共同创立的马克思主义学说，指引了全世界无产阶级为实现社会主义和共产主义前进的道路。恩格斯指出：马克思是"科学巨匠"，"首先是一个革命家"，"唯有他才第一次意识到本身地位和要求，意识到本身解放条件的现代无产阶级的解放事业，——这实际上就是他毕生的使命"。

第一节 写作背景及出版情况

一、写作《手稿》的内部原因

写作《手稿》，从马克思自身来说，这是马克思思想发展的必然。

研究政治经济学，解剖市民社会 《手稿》是马克思的早期重要著作，是 26 岁青年马克思写的。19 世纪 30 年代末 40 年代初，大学求学的马克思充满理想，胸怀大志，关心国家的发展，关注社会的变化，充满探究世界的渴望。马克思大学读法律专业，但是他对哲学更感兴趣。1837 年马克思放弃法学研究，转向黑格尔哲学。当时的柏林大学是黑格尔哲学的中心。马克思研读了黑格尔的全部著作，并加入了由布鲁诺·鲍威尔、鲁滕堡、科本等人组成的"博士俱乐部"，参与讨论黑格尔哲学和政治问题，他接受了黑格尔唯心主义哲学，成为青年黑格尔派的一员，希望在哲学中寻找出认识社会、解决社会问题的方法。

1841 年，马克思大学毕业时本来想当大学教授，但由于普鲁士王国政府变本加厉的反动，费尔巴哈、施特劳斯和布鲁诺·鲍威尔等先后被赶出大学，从而使马克思断绝了当教授的希望。从这时开始，马克思就不再从事纯理论研究，而是开始以哲学为武器，积极投入了当时的政治斗争。1841 年马克思发表了自己的博士论文——《论德谟克利特的自然哲学和伊壁鸠鲁的自然哲学的区别》，这是一篇哲学论文，并在论文中表示要参与"反对一切天上的和地下的神灵"的斗争，可以说，这时的马克思以革命民主主义者的姿态登上了社会舞台。

1842 年 4 月，大学毕业的马克思开始为《莱茵报》撰稿，同年 10 月成为该报编辑。青年马克思充满理想，立志改造社会，决心做一个职业革命者。他办《莱茵报》为的是宣传自己的思想、政治主张，批判资本主义。

《莱茵报》是《莱茵政治、商业和工业日报》的简称。1842 年 1 月 1 日～1843 年 3 月 31 日在德国科伦出版。该报是反对普鲁士专制政府的莱茵省资产阶级自由派创办的。青年黑格尔派曾参与该报的编辑出版。马克思从 1842 年 4 月、恩格斯从同年 3 月起为该报撰稿。为该报撰稿的青年黑格尔派成员还有鲍威尔、赫斯、科本等。《莱茵报》发表了马克思许多重要文章，如针对第六届莱茵省议会关于出版自由和林木盗窃法的著名评论文章，和莱茵省总督沙培尔论战的文章《摩塞尔记者的辩护》等。发表了恩格斯寄自柏林以及寄自英国的通讯《英国工人阶级状况》等。1842 年 10 月，马克思担任该报主编以后，《莱茵报》的政治面目焕然一新，在马克思的领导下异常活跃起来，成为当时著名的德国革命民主派的机关报，由此引起了普鲁士政府的恐惧和反动报纸的攻击。1843 年 1 月 19 日普鲁士政府通过决定：从 1843 年 4 月 1 日起查封该报，在查封以前对该报实行特别严格的双重检查制。由于报纸股东企图缓和该报的口气以求得政府的宽容，马克思遂于 1843 年 3 月 17 日声明退出该报。1843 年 3 月 31 日，报纸出版了最后一号。

马克思在《莱茵报》工作的时间不长，但却是他人生的一次重大转折。《莱茵报》被查封的严酷现实，打击了刚刚步入社会、立志改造社会的青年马克思，但是也使马克思陷入了思考。

《莱茵报》期间，遇到"对所谓物质利益发表意见的难事"，使马克思产生了"苦恼的疑问"。1843 年 6 月马克思来到克罗兹纳赫。如果说《莱茵报》时期马克思积极介入社会事物，那么克罗兹纳赫时期则是马克思退回书房、开始潜心读书的阶段。马克思通过自己的理论研究总结、分析他在《莱茵报》时期所遇到的各种实际问题：政治问题、经济问题和现实矛盾、冲突斗争，它们动摇了马克思信仰的黑格尔哲学。按黑格尔哲学原则，国家应是人类理性的体现和历史发展的动力。然而，普鲁士国家却仅仅是富人的工具，它解决每一个实际事务考虑的只是富人的利益，而不是什么人类的理性。这些变化表明：马克思已从一个自由主义者转变为革命民主主义者，由一个唯心主义哲学的信奉者开始向唯物主义转变。马克思决定重新剖析黑格尔的国家学说，重新探讨国家的本质及其国家与社会的关系，这就形成了马克思的《黑格尔法哲学批判》一书。

《莱茵报》期间 马克思对工作投入了极大的热情，积极参与社会活动，面对德国的现实做直接的斗争，他写了很多文章揭露和批判反动的普鲁士政府，尤其是在关于出版自由的辩论中，他猛烈地抨击了普鲁士的专制制度。例如他在《论普鲁士的等级会议》一文中指出："真正的国家是人民自己活动的产物，即不是由其他人产生人民的代表，而是人民自身产生出代表权。要有代表———一般说来这是受动的东西；只要物质的、更生气的、不独立的、无保护的东西才需要代表权。但是，国家的任何一个成分都不应是物质的、无生气的、不独立的、无保护的，不应当把代表权看作某种并非人民本身的特殊事物的代表权，而只应看作人民自身的代表权，看作这样一种国务活动，即它不是唯一的、独特的国务活动，跟人们的国家生活的其它表现所不同的只是它的内容的普通性。"在马克思的努力下，《莱茵报》的政治面目焕然一新，成为当时著名的德国革命民主派的机关报。《莱茵报》在马克思领导下异常活跃起来。

《莱茵报》是马克思参加德国政治斗争的开始。在此期间，马克思接触到大量的政治、经济等社会现实问题，写了大量文章表达对普鲁士反动专制政策的不满，对广大贫穷劳动群众的同情，特别是林木盗窃案和摩塞尔河地区农民状况的研究，使马克思开始认识到"物质利益"是各个不同阶级之间斗争之源。在关于林木盗窃法的辩论中，马克思坚定地站在劳动人民立场上，捍卫他们的物质利益，揭露普鲁士国家是为林木所有者服务的，是林木所有者的工具。让我们来了解一下林木盗窃法案的发生过程，19世纪初，德国资本主义的发展，加速了人民的贫困化，迫使贫苦的穷人到树林里捡拾倒树和枯枝、野果等作为生活物质不足的补充。这是历史上早已形成的穷人们的习惯权利，但是，普鲁士国家为了维护林木所有者的利益，在1826年颁布法律，对于擅自砍伐林木和盗窃树木者处以刑罚。虽然如此，触犯林木所有者利益的诉讼案件却仍然逐年有增无减。1836年，在普鲁士因这类行为而受到惩罚的有15万人，占全部刑事案件的77%。为此，普鲁士政府便提出了一个更加严厉的新法案，交由莱茵省议会讨论。在省议会讨论过程中，贵族等级和林木占有者为了自己贪婪的私利，极度扩大盗窃的概念，甚至把穷孩子们在树林捡拾一些枯枝和野果也列入"盗窃"的范围。森林条例违反者除了赔偿经济损失外，还要被处以4倍、6倍甚至8倍的罚款和特别赔偿。如果缴纳不起，就被罚服劳役。法案还规定，森林条例违反者对林木所有人造成的损失要由作为国家官员的看守人来认定和估价。被罚劳役者的工作也责成作为国家地方行政官的乡镇长管理，以便用这些劳役者的劳动来顶替林木占有者对乡镇所应尽的修缮公共道路的义务。马克思在1842年10月根据莱茵省议会的辩论情况，写了第六届莱茵省议会《关于林木盗窃法的辩论》一文。马克思通过对议会活动的批评，维护受压迫、受剥削的劳苦群众的利益。这时马克思开始认识到，不仅省议会，而且整个国家都是保护私有制的，它们不过是有产者的奴仆和工具而已。

马克思一方面竭力为贫苦人民辩护，另一方面感到自己在接触这些经济问题时知识欠缺，正如他后来自己所说，**对林木盗窃法和摩塞尔河地区农民状况的研究，推动他由政治研究转向经济关系研究**。恩格斯在1895年4月15日给理查·费舍的信中说："……我曾不止一次地听到马克思说，正是他对林木盗窃法和摩塞尔河地区农民处境的研究，推动他由纯政治转向研究经济关系，并从而走向社会主义。"马克思在1859年也谈到："1842—1843年间，我作为《莱茵报》的主编，**第一次遇到要对所谓物质利益发表意见的难事。……是促使我去研究经济问题的最初动因**"。

《莱茵报》激进的革命民主主义和对普鲁士政府的无情揭露、尖锐批判激怒了当局。1843年1月，普鲁士当局决定自4月1日起禁止《莱茵报》出版。《莱茵报》的其他成员曾想用放弃报纸的原则立场来换取撤销查封的命令，马克思不同意，他宣布退出编辑部，并在《莱茵报》第77号刊登启示："本人因现行书报检查制度的关系，自即日起，退出《莱茵报》编辑部，特此声明。"这个声明是马克思对普鲁士书报检查制度的抗议。马克思在1月25日给卢格写信："我对这一切都不感到惊奇。你知道，我从一开始对书报检查就会抱怎样的看法。这件事在我看来只不过是一个必然的结果，我从＜莱茵报＞被查封一事看到了政治觉悟的某些进步。因此我决定不干了，而且，在这种气氛下我也感到窒息。即使是为了自由，这种桎梏下的生活也是令人厌恶的，我讨厌这种小手小脚而不是大刀阔斧的做法。伪善、愚昧、赤裸裸的专横以及我们的屈意奉承、委曲求全、忍气吞声、谨小慎微使我感到厌倦。总而言之，政府把自由还给我了。"

马克思在《莱茵报》工作的时间虽然不长，但却是他人生的一次重大转折。《莱茵报》被查封的严酷现实，打击了刚刚步入社会、立志改造社会的青年马克思，但是也使马克思陷入了思考。正是在这期间，他第一次接触到了社会现实，认识到社会矛盾的根源在于物质利益的对立，他自觉地、坚定地站在人民的立场上，为捍卫他们的利益而斗争。

克罗兹纳赫时期 《莱茵报》期间，遇到"对所谓物质利益发表意见的难事"，使马克思产生了"苦恼的疑问"。1843 年 6 月马克思来到克罗兹纳赫，在这里他刻苦读书，潜心钻研。因此这段时间被称为马克思思想发展过程中的"克罗兹纳赫时期"。如果说"《莱茵报》时期"，马克思积极介入社会事物，那么"克罗兹纳赫时期"则是马克思退回到书房、开始潜心读书的阶段，马克思在这里又开始了专心致志的理论研究工作，他阅读了大量的历史和政治著作，重新审视了黑格尔的法哲学。马克思通过自己的理论研究工作来总结、分析他在《莱茵报》时期所遇到的各种实际问题：政治问题、经济问题和现实矛盾、冲突斗争，它们动摇了马克思原来信仰的黑格尔哲学体系。在这个时期，马克思对黑格尔哲学产生了怀疑。按黑格尔哲学原则，国家应是人类理性的体现和历史发展的动力。然而，普鲁士国家却仅仅是富人的工具，它解决每一个实际事务考虑的只是富人的利益，而不是什么人类的理性。正是这些疑问，动摇了马克思原来信仰的黑格尔哲学体系，对黑格尔的国家、法的唯心主义思想观念产生了怀疑，促使马克思离开黑格尔，去关心现实物质利益问题。这些变化表明：马克思已从一个自由主义者转变为革命民主主义者，由一个唯心主义哲学的信奉者开始向唯物主义转变。为解决使他苦恼的物质利益问题，马克思决定重新剖析黑格尔的国家学说，重新探讨国家的本质及其国家同社会的关系，以解开自己的困惑。马克思说:"为了解决使我苦恼的问题,我写的第一部著作是对黑格尔法哲学的批判性分析",这就是《黑格尔法哲学批判》一书。

《黑格尔法哲学批判》对黑格尔的法哲学进行了揭露和批判,并得出了市民社会决定国家的重要结论。这部著作探讨的中心问题是国家与市民社会的关系。在黑格尔那里,市民社会和家庭不具有真正独立性,他们从属于国家,必须服从于国家和法律。这就是说,国家决定市民社会。1859 年马克思在回顾自己思想的发展过程时曾写道,正是经过这种批判,开始认识到:"法的关系正像国家的形式一样,既不能从它们本身来理解,也不能从所谓人类精神的一般发展来理解,相反,它们根源于物质的生活关系,这种物质生活关系的总和,黑格尔按照 18 世纪英国人和法国人的先例,把它们概括为"市民社会"。对市民社会的解剖和说明不应该到哲学中去寻找,而应该到政治经济学中去寻找。"①这里所谓的"市民社会",就是指人与人之间的经济关系的领域,就是说,市民社会决定国家,国家的真正基础存在于经济的事实之中。马克思在批判黑格尔唯心主义国家观的同时,还广泛深入地对历史与政治进行了研究,对资产阶级社会和资产阶级国家进行了历史的批判分析,这是马克思第一次自觉地对黑格尔唯心主义哲学的批判,为以后进一步全面批判分析黑格尔哲学奠定了基础。所以通过对黑格尔法哲学的批判,马克思的思想观点脱离了黑格尔唯心主义,向着历史唯物主义迈进了一大步。马克思认识到单靠理论批判是不切实际的,不能积极有效地解决社会问题,更主要的是,使马克思进一步地明确了要通过经济问题的研究来探索社会发展奥秘的新方向。于是,**马克思开始由《〈黑格尔法哲学批判〉导言》对资产阶级的国家、法等上层建筑、思想观念的批判—对资本主义的"副本的批判"转向《1844 年经济学哲学手稿》对资本主义社会现实、经济现实的政治经济学批判—对资本主义的"原本**

---

① 马克思恩格斯.《马克思恩格斯文集》(第二卷)北京:人民出版社,2009:第 591 页

的批判"。

巴黎笔记期间 1843 年 10 月到 1845 年初旅居巴黎期间，马克思阅读了亚当·斯密、大卫·李嘉图、让·巴·萨伊、詹姆斯·穆勒、约翰·麦克库洛赫、吉亚姆·普雷沃、法斯杜特·德·特拉西等经济学家的著作。《手稿》中有大量这些经济学家思想的引文。阅读过程中，马克思做了大量的摘录，并在一些地方写有评注。这些摘录和评注写了若干本笔记，到现在保留下来的有 9 个笔记本，这些笔记被后来的研究者们称为"巴黎笔记"。正是在"巴黎笔记"期间，马克思在研读政治经济学著作的同时，产生了要写一本专门关于政治经济学著述的想法，这就是《1844 年经济学哲学手稿》的产生。"巴黎笔记"是马克思一生研究政治经济学、撰写政治经济学巨著的开始。《手稿》就是这个马克思思想发生重要转折期间写出的标志性著作。

二、写作《手稿》的外部原因

马克思受法、英、德国社会主义者的影响，特别是受恩格斯的影响。

探索"人的解放"，揭示共产主义的历史必然性 在"巴黎手稿"之前，马克思所论述的都是由政治辩论牵扯到一些经济问题，并没有直接接触政治经济学，只是接触到某种经济政策在实施后的一些结果。《莱茵报》被查封后，马克思被迫举家迁往法国。1843 年 10 月底，马克思到达巴黎。当时的巴黎是欧洲革命的中心，是各种流派思想家、革命家的集中地之一，特别是巴黎无产阶级对资产阶级尖锐的、激烈的斗争气氛，给马克思带来了许多新的感受，对马克思实地考察资本主义社会和研究社会主义学说提供了有利的客观条件。

《德法年鉴》时期 《莱茵报》被查封后，马克思被迫举家迁往法国。1843 年 10 月底，马克思到达巴黎。到巴黎最初的日子，马克思重操旧业—办报，与卢格合作筹办、主编了《德法年鉴》。《德法年鉴》是德国"第一个社会主义的刊物"，1844 年 2 月底它只在巴黎用德文出版了 1—2 期合刊号。在《德法年鉴》上，马克思发表了两篇文章—《论犹太人问题》和《〈黑格尔法哲学批判〉导言》，恩格斯发表了《政治经济学批判大纲》和《英国状况》。恩格斯发表在杂志上的文章《政治经济学批判大纲》和莫·赫斯同一时期发表的 3 篇文章，对马克思研究政治经济学起了推动作用。马克思和恩格斯在《德法年鉴》上发表的文章表明，马克思恩格斯此时已经实现了从唯心主义向唯物主义，从革命民主主义到共产主义的转变。

《德法年鉴》合刊号印刷了 2000 册，其中的三分之一在德法边境被没收，同时刊物的经费也发生了困难。刊物出版后，马克思、卢格和撰稿人贝尔奈斯、海涅遭到德国普鲁士当局的通缉。此时，马克思和卢格的政治观点发生分歧，马克思诉诸无产阶级，卢格持资产阶级激进派立场。所有这些原因，使得《德法年鉴》无法再办下去了。

在《德法年鉴》上，马克思发表了两篇文章—《论犹太人问题》和《〈黑格尔法哲学批判〉导言》，标志着马克思从唯心主义向唯物主义，从革命民主主义到共产主义转变。这两篇文章分析了"政治解放"和"人的解放"性质上的根本区别。

当时的德国，犹太人问题是一个比较突出的社会现实问题。住在德国的犹太人，多信奉犹太教，因此，长期受到以基督教为国教的普鲁士国家的歧视和压制。1815 年普鲁士政府颁布关于犹太人不能担任公职，在国家中只能居于从属地位的命令。犹太人要求与基督教徒享受平等权利，一直遭到政府拒绝。但由于犹太人善于从事工商业和高利贷活动，在经济领域中有较大势力，普鲁士国家又不得不容忍和保护他们。随着资产阶级民主运动在德国的发展，19 世纪 40 年代初在德国展开了关于犹太人解放问题的讨论。马克思上大学时的朋友，"博士俱乐部"成员布鲁诺·鲍威尔在 1842 年底到 1843 年初，接连发表《犹太人问题》、

《现代犹太人和基督徒获得自由的能力》两篇论文，认为基督教德国的宗教本质决定它不能解放犹太人，犹太教的宗教狭隘性本质也决定犹太人不能获得解放。这实际上是把犹太人及一般德国人的解放问题归结为宗教问题，是在宣传要实现民族解放必须先消灭民族宗教的谬论。

马克思在《论犹太人问题》一文中，批驳了布鲁诺·鲍威尔《犹太人问题》。鲍威尔混淆了宗教解放与政治解放、政治解放与人类解放的关系。鲍威尔认为，犹太人与基督徒之间的对立在于宗教，犹太人由于坚持自己的信仰，所以同社会产生了对立。鲍威尔主张犹太人放弃犹太教，基督徒放弃基督教，假如一切人都从宗教信仰中解放出来，人们就能从政治上获得解放。鲍威尔把犹太人同社会对立这样一个政治问题转化为宗教问题。马克思认为，犹太人问题不是单纯的宗教问题，而是一个政治问题。马克思从市民社会与宗教的关系进行分析，指出："在我们看来，宗教已经不是世俗狭隘性的原因，而只是它的表现。因此，我们用自由公民的世俗桎梏来说明他们对宗教桎梏。我们并不认为，公民要消灭他们的世俗桎梏，必须首先克服他们的宗教狭隘性。……我们不把世俗问题化为神学问题，我们要把神学问题化为世俗问题。"在当时的德国，所谓政治解放，就是通过资产阶级革命，推翻封建专制统治，消灭贵族等级制度，使每个人都获得平等的公民权，这在法国和美国经过资产阶级革命已经实现，但法国和美国并没有消灭宗教，可见政治解放同宗教解放不是一回事。

马克思认为，政治解放本身还不是人类解放，因为政治解放并不是整个社会的解放，只是社会上一部分人的解放，在当时也就是资产阶级的解放。所以，马克思提出人类解放的根本前提是消灭私有制。马克思说："只有当现实的个人同时也是抽象的公民，并且作为个人，在自己的经验生活、自己的个人劳动、自己的个人关系中间，成为类存在物的时候，只有当人认识到自己的'原有力量'并把这种力量组织成社会力量因而不再把社会力量当作政治力量跟自己分开的时候，只有到了那个时候，人类解放才能完成。"尽管从历史发展来说，政治解放也是一种进步，但是只有当社会力量不再作为一种压迫人的力量存在的时候，人类才能获得解放。

在《＜黑格尔法哲学批判＞导言》中，马克思继续发展了他关于人类解放的思想。他明确提出了由谁来实现人类解放的问题，什么人才有力量来推翻那些使人成为受屈辱、被奴役、被遗弃和被蔑视的一切关系。马克思指出：德国要获得真正的解放绝不能仅仅停留在对宗教的批判上，而是要把对天国的批判变成对尘世的批判，把对神学的批判变成对政治的批判，应该直接向德国的政治制度开火，推翻这个低于历史发展水平的社会，这才是德国人要进行的真正的斗争。马克思认为，德国的政治斗争一旦提高到实现真正的人的解放的水平，斗争就超出了德国。在德国，政治斗争是以批判宗教的形式出现的，由于神的本质就是人的本质，因此，"对于宗教的彻底批判和否定就是对人的真正的肯定。要实现对人的肯定，就必须推翻那种使人成为受屈辱、被奴役、被遗弃和被蔑视的东西的一切关系。"这就不是其他别的阶级所能胜任的了，更不是德国资产阶级所能做到的，因为这个阶级缺乏革命的大无畏的精神；只有无产阶级才能消灭私有制。马克思写道，只有一个阶级，由于它的直接地位、物质需要、自己的锁链强迫它拥有这种力量。能够实现全人类解放的，应当是一个如果不解放全人类就不能解放自己的阶级，这个阶级就是无产阶级。因为无产阶级一无所有。马克思认为，革命的理论，进步的哲学，在未来的革命斗争中将会起巨大的作用。他写道："批判的武器当然不能代替武器的批判，物质力量只能用物质力量来摧毁，但是理论一经掌握群众，也会变成物质力量。"[①] 进步哲学的任务就是要把对宗教的批判变成对政治的批判，把对"天国"的批判变成对"尘世"的批判，要把批判的矛头不是指向宗教，而是指向德

① 马克思恩格斯.《马克思恩格斯选集》（第一卷）北京：人民出版社，1995：第9页

国的反动专制制度。马克思认为，无产阶级才是革命理论的体现者，才能真正运用革命的学说。因为无产阶级的使命就是要把自己，同时也把整个人类从各种压迫和剥削中解放出来；无产阶级也只有解放全人类，才能解放自己。马克思的这个思想非常深刻，它表明无产阶级要消灭私有财产的观念不是凭空产生的，完全是根据自身的生存方式提出来的。

值得一提的是，马克思在书中指出，一旦无产阶级从自身的存在认识到现存制度的不合理，这种制度必将解体，私有制必将被否定。马克思在这个时期已经认识到，只有无产阶级才是彻底变革现存世界的革命阶级，**实现人类解放是无产阶级的历史使命**。由于马克思发现了创造未来新社会的社会力量—无产阶级，这样，就把自己同空想社会主义者区别开来。

列宁在评价这两篇文章时说："马克思在这个杂志上所发表的论文中已作为一个革命家出现，主张'对现存的一切进行无情的批判'，尤其是'武器的批判；他诉诸群众，诉诸无产阶级。"列宁的这一论断充分肯定了这两篇文章在马克思主义发展史中的历史意义。

恩格斯《政治经济学批判大纲》对马克思研究政治经济学起了促进作用。马克思这种思想上的转变得益于对政治经济学的关注。并且在以后的一段时期内，马克思更加关注从哲学、经济学和历史领域来探寻认识社会、解决社会问题的方法。特别值得一提的是，恩格斯写的《政治经济学批判大纲》在《德法年鉴》上的发表，对马克思产生了极大的影响，被马克思称为"批判经济学范畴的天才纲领"。

恩格斯（1820－1895）马克思主义的创始人，全世界无产阶级的伟大导师和领袖，马克思的挚友，被誉为"第二提琴手"。1820 年 11 月 28 日，恩格斯出生于德国莱茵省巴门市（今伍珀塔尔市）。父亲是工厂主。1837 年 9 月正在读中学的恩格斯在其父的坚持下辍学经商。1841 年 9 月至 1842 年 10 月，恩格斯在柏林炮兵部队服兵役，旁听柏林大学的哲学讲座，参加青年黑格尔派的活动。1844 年 2 月，恩格斯在马克思主编的《德法年鉴》上发表《政治经济学批判大纲》。1844 年 8 月，恩格斯拜访侨居巴黎的马克思，两人建立了深厚的友谊。同年 9 月，与马克思合写《神圣家族》，1845～1846 年间两人合著《德意志意识形态》，这部著作是对历史唯物主义第一次系统的阐述。1845 年，恩格斯写出《英国工人阶级状况》一书，第一次明确地指出无产阶级所处的政治经济地位必然推动它去争取自身的解放；而社会主义只有成为工人阶级的政治斗争目标时才会成为一种政治力量。

恩格斯和马克思于 1846 年初在布鲁塞尔建立共产主义通讯委员会，同各国的社会主义团体建立联系，宣传科学社会主义。1847 年马克思、恩格斯应邀加入德国工人的秘密组织正义者同盟。恩格斯出席同盟在 6 月召开的第一次代表大会，向大会阐述科学社会主义的基本原理，把旧的同盟改组为共产主义者同盟。1847 年 12 月～1848 年 1 月，马克思和恩格斯合著的《共产党宣言》，第一次公开树起共产主义运动的旗帜，是一个周详的理论和实践的党纲，标志着马克思主义的诞生。

马克思 1883 年逝世后，恩格斯于 1889 年成立第二国际，继续领导国际工人运动达 12 年之久。恩格斯在晚年承担了整理、出版马克思未完成的《资本论》第二、三卷手稿的巨大工作。

恩格斯的主要著作有《反杜林论》、《路德维希·费尔巴哈和德国古典哲学的终结》、《自然辩证法》、《家庭、私有制和国家的起源》等。

恩格斯在《政治经济学批判大纲》中主要批判地研究了"私有制的合理性问题"。在此之前，资产阶级的经济学家从未提出这个问题，因为他们把私有制看做是无需证明的人类社会的自然前提，看做是合理的世界秩序的唯一形式；而建立在私有制基础上的竞争则被看做是人类自由的表现，是达到人类普遍幸福的正确方式。恩格斯在《政治经济学批判大纲》中批驳了这个观点，揭露了资本主义私有制的内在矛盾及其不合理和非人道性，认为资本主义经济制度的各种现象如竞争、自由贸易、价值、地租等都是资本主义私有制的直接结果。竞争必然导致工人与资本家、地主之间的矛盾的激化，引起周期性的经济危机，导致消灭私有制的社会革命。恩格斯还批判地考察了资产阶级经济学的历史，认为无论是重商主义还是古典经济学，都是私有制关系的理论表现，是维护资本主义私有制的，因而都是不科学、伪善的。

在恩格斯的影响下，马克思的研究从哲学、历史和法律转向了系统地研究政治经济学，更加坚定了他潜心研究政治经济学的决心。因为马克思明显地意识到，在政治范围内找不到解决社会问题的根源，这就促使他转向政治经济学的研究，马克思敏锐地感觉到在政治经济学领域隐藏着关于人的关系的根本问题，所以他试着从政治经济学中为他的疑惑寻找到答案。从这以后，马克思和恩格斯就取得了通信联系，对此，恩格斯有一段真实的记述。他说："1843 年秋，这一对年轻的夫妇来到巴黎，在这里马克思开始同卢格一起出版《德法年鉴》，但是该杂志仅出版了一期；杂志之所以停刊，部分是由于它在德国的秘密传播遇到困难，部分是由于在两位编辑之间很快就暴露出原则性的分歧。卢格仍然保持黑格尔哲学和政治上的激进主义路线，马克思则热心地研究政治经济学、法国社会主义者和法国历史。结果马克思转向了社会主义。"恩格斯的这段记述可以说是对《1844 年经济学哲学手稿》的写作背景与历史意义的一个非常好的说明。

三、出版情况

马克思生前《手稿》没出版，并且，不是一次就全文出版的。《手稿》第一次出现在前苏联 1927 年出版的《马克思恩格斯文库》俄文版第 3 卷中。在《马克思恩格斯文库》中收进《手稿》的一部分内容，当时取名叫《<神圣家族>的预备著作》，因为按照时间顺序，马克思《手稿》的下一部著作就是《神圣家族》。出版后几乎没有引起人们的注意。1931 年 1 月，苏黎世出版的一家德国社会民主党的月刊《红色评论》上发表迈尔写的一则题为《关于马克思的一部未发表的著作》的简短报道，指出"发现了马克思的一部早期著作"，其实就是《1844年经济学哲学手稿》。一直到1932年，《手稿》才在德文版的《马克思恩格斯全集》第3卷正式全文发表，所用的标题是：《1844年经济学——哲学手稿。政治经济学批判。附论黑格尔哲学的最后一章》。1954年，苏联莫斯科马克思恩格斯列宁研究院对1932年的版本又重新作了一次核对，作了一些重要的修改，对某些标题重新审定或改写，增加了注释，并于1956年发表在出版的俄文版《马克思恩格斯全集》中，这个《手稿》的版本，是目前比较完善的版本。

《手稿》一发表，其内容的重要和深刻很快就引起了学者们的高度重视。同时，由于学者们理解上的不同，在世界范围引起了关于《手稿》内容的尖锐的争论，其规模和深度是马克思主义研究史上罕见的。之所以发生这样尖锐的争论，是因为对《手稿》的研究和评价涉及到对整个马克思主义的重新研究和评价，这种争论一直延续至今。

《手稿》第一个中文版本是1956年由何思敏译、宗白华校的《手稿》单行本，标题为《经济学—哲学手稿》，是依据1932年《马克思恩格斯全集》德文版译出的。这是第一个《手稿》全文的中文译本。同年，由贺麟译的《手稿》的最后一章《黑格尔辩证法和哲学一般的批判》单行本。这些都是从德文翻译过来的。1979年人民出版社出版了刘丕坤译的《手稿》单行本，标题为《1844年经济学—哲学手稿》。该译本是依据《马克思恩格斯早期著作选》1956年俄文版译出的，同时参考了其他版本。同年人民出版社出版了中译本《马克思恩格斯全集》第42卷，该卷收入的《手稿》是依据刘丕坤译文校订的，标题为《1844年经济学哲学手稿》。1980年，上海文艺出版社出版的《美学》第2期，刊载了朱光潜先生译的《经济学——哲学手稿》（节译），包括第一手稿和第二手稿中的有关段落。它是根据1955年柏林狄茨出版社出版的《马克思恩格斯短篇经济论文集》译出的。目前在我国流行的并被世人公认的版本是《马克思恩格斯全集》第 42 卷中所载的《手稿》。

在国外，《手稿》主要有两个版本：一是在马克思主义研究院出版的德文版的《马克思恩格斯全集》第三卷；一是在俄文版《马克思历史唯物主义早期著作》第一卷。

在我国，《手稿》收录在《马克思恩格斯全集》第四十二卷中，也出了《手稿》单行本，在最新版 1995 年版的《马克思恩格斯选集》第一卷中第一次部分收录了《手稿》。

第二节 逻辑结构及主要思想内容

《手稿》一书是由序言，第一手稿、第二手稿、第三手稿三个手稿四部分组成。其中，第二个手稿中"私有财产的关系"前面的内容丢失，第三手稿量大完整，序言是在第三手稿完成之后写的。

全文约 11 万字。全文的总标题以及放在方括号里的小标题都是编者后加的。原手稿有许多散失，现整理出版的各种版本的《手稿》均不是完整的原手稿。

一、序言

序言原来放在《第三手稿》的第三部分。1932 年全文发表时，编者把它放在《手稿》的开头。序言主要说明写作本书的目的、计划和内容，同时表明马克思对待布·鲍威尔哲学和费尔巴哈哲学的态度，提出全面剖析黑格尔哲学的必要性。

二、第一手稿

第一手稿全文约 11 万字。全文的总标题以及放在方括号里的小标题都是编者后加的。原手稿有许多散失，现整理出版的各种版本的《手稿》均不是完整的原手稿。

第一手稿共分四个部分：工资、资本的利润、地租、异化劳动和私有财产。工资、资本的利润、地租，这前三个标题是马克思手稿原有的，最后标题是由编者加的。在阅读过程中，马克思对这三个议题同时进行的摘录，在三个标题下满满写上了从斯密等人著作中精心整理出来的重要段落，并对它们作了批判性分析。在最后的［异化劳动］这一部分里，是马克思对自己这一时期研究资产阶级经济学成果的哲学概括，提出了"异化劳动"理论。**异化劳动是《手稿》最核心的部分**，"异化劳动"理论成为这一时期马克思分析资本主义产生、发展、灭亡历史必然性的理论武器。

三、第二手稿

第二手稿只有私有财产的关系这一项内容。第二手稿是一本已经遗失的一本笔记的结尾部分，它只保留了最后的 4 页（第 40—43 页），原来没有标题，［私有财产的关系］这一标题是编者加的。从残存的这几页的内容来看，它是对第一手稿的补充，是对异化劳动思想的深化、发挥。主要内容有：对资本主义政治经济学混淆资本与劳动本质区别的观点的批判，进一步揭示了劳动与资本的对立；分析了私有财产形式的发展，论证了土地所有权和资本的对立统一；最后概括了私有财产运动。

四、第三手稿

第三手稿共有五个部分组成，分别是：［私有财产和劳动］、［私有财产和共产主义］、［需要、生产和分工］、［货币］、［对黑格尔辩证法和一般哲学的批判］。这部分是对第二手稿的补充。第三手稿的主要部分虽说只是作为第二手稿的补充，实际上系统地发挥和阐述了马克思对"共产主义"的理解，在［对黑格尔的辩证法和整个哲学的批判］这部分中，马克思在批判黑格尔哲学的同时也升华了自己对辩证法的认识和历史唯物主义思想的火花，这是马克思学说中不可忽视的重要内容。

《手稿》虽然是马克思未完成的作品，由三个未完成的手稿组成，保存得也不完整，但它们在思想内容上却形成一个严谨的整体。它既是马克思批判资产阶级国民经济学的第一个大纲，同时也是对黑格尔辩证法和整个哲学的首次较全面地深刻批判，体现了马克思在巴黎时期把哲学研究与经济学研究结合起来的特征。

从形式上看，《手稿》的各个部分似乎缺乏内在联系，但就其思想内容来看，是有内在联系的，并且反映了当时马克思思想的发展过程和理论研究的基本线索。《手稿》的理论结构和思想逻辑是：从评价资产阶级国民经济学入手，并从资本主义经济事实出发，分析资本主义经济关系，提出并论述了资本主义社会的"异化劳动"，进而以"异化劳动"概念为理论基础分析和论述私有财产的本质以及对它的扬弃，阐述了共产主义理论，然后具体地分析了需要、分工、货币等经济问题，最后批判黑格尔哲学，并为"异化劳动"理论和共产主义理论提供了哲学的根据。

按理论内容，《手稿》可分为相互联系着的三个基本方面：第一，对资产阶级经济学的评述和对资本主义经济关系的分析，论证了"异化劳动"概念，并以"异化劳动"概念为核心，论述了正在形成中的马克思的政治经济学理论。第二，以"异化劳动"为理论基础，分析批判各种空想的社会主义、共产主义，阐述了马克思人道主义的共产主义观点。第三，全面批判黑格尔哲学，以主体与客体的关系为中心，闪现出辩证唯物主义和历史物主义的思想火花。

《手稿》的主题是批判资产阶级经济学，剖析资本主义经济制度，探索资本主义社会的运动规律，为共产主义提供理论根据。"异化劳动"是贯穿全书的核心的基本概念，是全书阐述得最为突出的一个理论问题，它既是《手稿》中阐述的哲学问题、政治经济学问题和共产主义问题的共同的理论基础，又是把这三个部分统一起来的纽带。

《手稿》是一部经济学著作，同时也是一部哲学著作。在这里，第一次对黑格尔哲学进行了全面地批判，揭示了黑格尔哲学中所包括的积极因素，闪现出辩证唯物主义和历史物主义的思想火花，其中特别是对主体和客体的辩证关系，阐述得十分深刻，甚至是它所独有的。《手稿》不仅展现了马克思在法国研究经济学所取得的成果，也集中地展现了马克思在创立马克思主义过程中在哲学上所取得的突破性进展，它具体地展现了马克思主义哲学与德国古典哲学的批判与继承的关系。《手稿》的哲学价值，随着时间的推移，越来越被人们所重视。

《手稿》是马克思思想转变时期的理论成果，尚不是一部成熟的马克思主义著作，因而，它具有明显的过渡性质。表现在：在《手稿》中，马克思主义的许多基本理论尚未最后形成，有些地方还存在着旧的理论影响，存在着术语与思想内容的不协调，即用旧的术语表达新的思想。此外，在问题的论述上还存在着一定的思辨的色彩。这种情况，往往造成理解上的困难和歧义，这是阅读《手稿》时应该注意的。

《手稿》既不是一部完成的著作，也不是一个完整的待发表的手稿，而是马克思供自己研究与写作用的手记。《手稿》中有的地方只是摘录或复述别人的观点，有的地方针对摘录的内容和观点提出自己的分析、评述，有些地方则主要是提出问题而未展开。在对自己思想观点的阐述上，有些地方比较系统、详细、具体，有的地方则写的很扼要、很概括、很简炼，带有纲要性，但简炼的文字都包含着深刻而丰富的思想，这也是《手稿》的一个重要特点。《手稿》体现马克思钻研问题、进行理论探索的实际过程，是马克思酝酿和确立系统理论过程中沉思的记录；是克服、批判、吸收旧理论，创立新理论过程的具体记实。可以说，《手稿》是马克思世界观的诞生地和秘密，是马克思实现哲学变革的起源。

认真学习和研究《手稿》，领会它的精神实质，正确评价它的理论意义与历史意义，不仅对于我们具体地了解马克思创立马克思主义的实际思想过程，研究马克思主义的形成史，具有重要的理论价值；而且对于我们在当代坚持和沿着马克思开辟的道路前进具有重要意义。

五、主要思想内容

《手稿》中主要包括：

工资、资本、利润、地租；

异化劳动理论；

私有财产关系；

人的类本质理论；

人道主义基础上的共产主义理论；

需要、分工、货币等问题的论述；

对黑格尔哲学的批判。

七个方面思想理论，其中最重要的是马克思的异化劳动理论。我们要理解马克思从《手稿》开始实现的对于资本主义由副本的批判到原本的批判的转变；掌握《手稿》中的异化劳动理论、人的类本质理论、马克思对资本主义的批判和对共产主义的论述；正确认识马克思主义和人道主义的关系，正确认识《手稿》在马克思主义发展史中的地位、价值和理论缺陷。

学习《手稿》需要重点思考的问题是：

马克思的异化劳动理论；

人的类本质理论；

马克思对黑格尔哲学的批判；

人道主义基础上的共产主义理论；

《手稿》成不成熟，究竟应该怎样评价《手稿》；

《手稿》是马克思主义的全部；

《手稿》在马克思主义发展中的地位作用；

异化思想、人道主义在马克思主义中的地位；

马克思主义是不是人道主义？马克思主义和人道主义的关系；

到底什么是马克思主义，马克思主义的理论性质是什么；

我们原来理解的马克思主义对不对；

什么是真正的马克思主义。

让我们带着这些问题学习《手稿》，会使我们的学习抓住重点，更有收获。

第三节 历史地位及价值评价

一、历史地位

《手稿》是马克思早期重要著作，是马克思主义理论形成过程中的一部关键性文献，被认为是"马克思主义形成的真正诞生地和秘密"在马克思主义发展史上占有重要位置。《手稿》作为马克思思想发生重大转变的标志性著作，引起马克思主义理论的研究者们的强烈关注。自这部《手稿》在三十年代首次全文发表以来，人们对它的研究、阐释和争论一直没有停止过；对其内容的阐述和意义的发挥，不仅成为理解马克思哲学世界观基础的新材料，而且成为诸多当代哲学思想的灵感源泉。即使在今天，这部著作的重要性仍然是毋庸置疑的—因为它仍未被"读完"；而对于一部未读完的著作，仍可以有许多积极的发现。

《1844 年经济学哲学手稿》处于马克思哲学思想发展的一个最独特、最变化多端和最错综复杂的关头，这样的理论状况是与新世界观，"临产前的阵痛"相关连的。梅林在一战期间尚不知晓马克思当时（1844 年春夏）理论活动的情况下，为了弥补思想史上的这段空缺，曾引用了卢格致费尔巴哈的一封信（1845 年 5 月），信中大意是说："马克思读了许多书，并且正在非常勤奋地写作，但是一无所成；工作总是中断，然后一次又一次地沉没到无边无际的书海里。……马克思变得暴躁易怒了，特别是在他累病了和一连工作三、四夜不睡觉以后。"无论如何，这一描述是与马克思写作《手稿》的状况互相吻合的——各种思想材料的广泛汇集、穿插和重铸，理论原则的探索性取舍、斟酌与发挥，以及哲学立场上渐次摆脱依傍的最艰难的创制。正因为如此，所以《手稿》的内容是庞杂的，其理论表达往往是不稳定的、新旧参差的；然而也正因为如此，《手稿》对于理解和说明新世界观的创生过程、基本性格及变革意义，乃具有至关紧要的价值。

《手稿》是马克思主义形成过程中的一部具有转折意义的重要著作，是马克思由哲学批判转向经济学研究所取得的最初理论成果。它第一次把哲学、政治经济学和共产主义联结起来，提出了马克思主义理论体系的雏型，标志着马克思自觉创立马克思主义的开始。过去通常突出它的不成熟性，而忽略了它所具有的重要理论价值。

"异化劳动"理论是《手稿》中的重要理论成果，是马克思创立马克思主义过程中的一个重要的中介环节。"异化劳动"是马克思研究资本主义经济，批判继承传统异化理论，特别是直接批判继承费尔巴哈和黑格尔的异化观而提出的一个重要概念。异化劳动既克服了黑格尔异化观的唯心主义性质，又克服了费尔巴哈异化观的人本主义局限，它从资本主义雇佣劳动事实出发，揭示了雇佣劳动本身的异化本质。在异化劳动中，异化的主体没有归结为黑格尔的自我意识，也没有归结为费尔巴哈感性、具有生物属性的人，而是归结为人的劳动。同时，异化劳动又保留了黑格尔异化观的合理因素，把异化归结为一种主体对象化的表现；继承了费尔巴哈的人本主义的合理之处，即把异化的主体归结为人。异化劳动的重要理论意义不仅在于对资本主义雇佣劳动的认识上，而且在于它抓住了人的劳动本质，看到人作为主体的能动的本质。

《手稿》试图把政治经济学、哲学、科学社会主义学说结合在一起，形成一个相互论证、相互补充的整体。结束由英国古典政治经济学、德国古典哲学和法国空想社会主义所表现的三者分离状态。在《手稿》中，马克思第一次从经济上论证共产主义必然要代替资本主义的伟大尝试；同时也是马克思第一部由哲学转向研究政治经济学的成果著作。总之，马克思以对资本主义社会的研究作为基础，第一次从哲学、经济学、社会主义学说三个方面有机地结合的角度进行了探讨、批判和论证。这是无产阶级伟大革命家、思想家马克思站在无产阶级的革命立场上，沿着新唯物主义路线，在剖析资本主义制度，批判资产阶级经济学说中，自觉创立无产阶级科学理论体系的开端，是在人类思想发展史上实现伟大革命变革的开端。

《手稿》是马克思在巴黎时期研究经济学的理论结晶，为创立马克思主义政治经济学奠定了初步基础。马克思站在无产阶级立场上，对资产阶级国民经济学进行了批判性地考察，分析了资产阶级国民经济学的理论观点及其内在矛盾，并揭露了它的阶级局限性和主观主义形而上学的方法。马克思深刻指出资产阶级经济学是"资本家的科学自白"，它虽然"从私有财产的事实出发，但是，它没有给我们说明这个事实"，它虽然肯定劳动是财富的唯一本质，却没有给劳动者提供任何东西，而是给私有财产提供了一切。资产阶级经济学家所表述的不是人的劳动的规律，而是资本主义的异化劳动的规律。它不是从私有财产的现实运动探求它的发展规律，而是从虚构的原始状态出发，以抽象的公式去衡量现实的运动，然后把这些公式当作规律。马克思对资产阶级国民经济学的分析批判，表明他已抓住了资产阶级国民经济学的实质和要害，找到了克服资产阶级国民经济学的途径和建立科学的政治经济学的方向。由于《手稿》是马克思研究政治经济学的最初成果，其中表现出的不成熟性也是明显的，此时尚没有把劳动与劳动力严格区别开来，对劳动价值论还持有保留态度。但它已包含了政治经济学的萌芽，预示着与资产阶级国民经济学根本不同的马克思主义政治经济学必将诞生。

《手稿》对资本主义生产方式做出了初步科学的说明。马克思通过对资本主义所有制的分析，揭示了资本主义社会的"异化劳动"的性质，为后来揭示资本主义雇佣劳动的本质，创立剩余价值论奠定了基础。在对工资、资本、利润、地租、分工、需要、货币等问题的分析评述中，提出了许多有价值的见解。《手稿》通过对资本主义矛盾的分析，指明了资本主义社会的过渡性质，为共产主义提供了初步的理论依据。

《手稿》第一次对黑格尔哲学进行了全面性批判，为实现哲学的变革迈出了关键一步。《手稿》是马克思继《黑格尔法哲学批判》之后，在取得政治经济学研究成果基础上，对黑格尔哲学进行的全面性批判。这种全面性主要表现在，它是对黑格尔哲学体系的批判。它以黑格尔《哲学全书》和作为黑格尔哲学的"真正诞生地和秘密"的《精神现象学》为对象，全面地分析批判了黑格尔哲学体系的唯心主义实质，揭露了黑格尔哲学理论的内在矛盾及其保守性质。马克思指出，"整整一部《哲学全书》不过是哲学精神的展开的本质，是哲学精神的自我对象化；而哲学精神不过是在它的自我异化内部通过思考理解即抽象地理解自身的、异化的世界精神"，其哲学体系的错误实质就在于把"主词和宾词之间的关系"绝对的相互颠倒了，即把物质与精神的关系颠倒了，在黑格尔那里主体是精神，"所谓外化和外化的复归，不过是在精神自身内部的纯粹的、不停息旋转"，它只具有批判的外观，实际上是保守的。在黑格尔哲学中加以扬弃的存在，并不是现实的存在，这种思想上的扬弃，在现实中一点没有触动自己的对象。

批判的全面性还表现在，马克思不仅指出黑格尔哲学的唯心主义性质，同时指明了黑格尔哲学所具有的积极因素，这就是作为推动原则和创造原则的辩证法；肯定了黑格尔关于异化和异化扬弃思想的积极意义，即黑格尔把人看作是自我产生的过程，把劳动看作是人的本质，是人的本质对象化过程，但同时指出，黑格尔"唯一知道并承认的劳动是抽象的精神的劳动。"

马克思在《手稿》中，通过对黑格尔哲学的批判和对共产主义的论述，具体地揭示了主体与客体的关系，人作为主体的主体性的本质。在《手稿》中提出的关于劳动是人的本质的思想，社会历史是人通过劳动的自我生成过程的思想，关于人的生产和动物的生产的区别的思想，等等。

《手稿》第一次对费尔巴哈哲学做出比较全面的评价。马克思这里充分地肯定了费尔巴哈从唯物主义出发批判黑格尔哲学的伟大功绩；同时也指出了他对黑格尔哲学包含的合理因素的忽视。但应该说，马克思在这里虽然实际上已突破了费尔巴哈哲学的局限性，但在认识上尚没有达到自觉，表现出对费尔巴哈的过高评价，并用费尔巴哈的概念表达他的新思想。《手稿》清楚地展现出了马克思主义哲学同黑格尔哲学和费尔巴哈哲学的批判继承关系。

《手稿》第一次从经济出发论证共产主义，为创立科学社会主义理论体系迈出了重要一步。写作《手稿》以前，马克思对共产主义问题已有所触及和论述，在《德法年鉴》上发表的文章，提出了"人类解放"问题，并指出无产阶级是这一解放的物质力量。但是，当时马克思尚没有使用"共产主义"，或"社会主义"术语，更没有把共产主义建立在对资本主义经济分析的基础上，而是用"人本身是人的最高本质"作为理论根据的，尚具有较深的人本主义的烙印。而《手稿》对共产主义的论述，不仅比过去系统了，而且建立在新的基础之上，即建立在对资本主义社会的经济分析和阶级分析之上，是从经济发展过程出发，得出共产主义结论，其中特别是借助于对"异化劳动"的分析而展开的。他对空想社会主义、共产主义把消灭私有财产简单地理解为对物的占有、享有，而主张平均分配财产的错误，进行了有意义的批判。马克思在这里特别强调共产主义是消灭"异化劳动"，达到对人自身的本质的占有。这里对共产主义的论述，虽然仍然带有一定人道主义和思辨的色彩，《手稿》中所讲的共产主义不是人类所达到的目标和一种社会形态，而是把它看作是扬弃异化、扬弃私有制的一个环节。

尽管《手稿》不是一部完全成熟的著作，但是把《手稿》放在整个历史过程中来考察，无论它的成熟和不成熟之处，对于说明马克思的思想发展都是重要的。我们不能因为它的不成熟之处，而贬低它的意义。任何人的思想都不是一蹴而就的，同样马克思的成熟思想不是一次完成的；他的哲学思想、经济学思想、科学社会主义思想发展也是不平衡的。尽管在马克思以后的理论和方法上摒弃或彻底改造了《手稿》中的某些观点，但包含了《手稿》已经取得成就，是沿着《手稿》开辟的从生产劳动中寻找历史根源的方向前进的。尤其是这部著作里面的对异化劳动概念的规定及其阐述，更是反映了当时马克思的思想蕴涵。

不可否认，《手稿》中异化劳动概念在内容上还包含着费尔巴哈人本主义杂质，把异化劳动归结为人与人的类本质的异化。但是，对此也应加以具体的分析。由于马克思同费尔巴哈不同，他不是把人看作抽象的、生物意义上的共同性，而是认为人的本质是劳动，是自由自觉的活动，因而马克思所讲的人与人的类本质相异化又是不完全等同于费尔巴哈的人本主义异化观的。

《手稿》中对异化劳动与私有制的关系尚没有做出透彻的说明，对异化劳动的深刻的根源也阐述的不充分。这些缺陷的存在，正表现了异化劳动概念的局限性。这些不足很快得到了解决，马克思在《德意志意识形态》中已经基本上回答了异化劳动的根源问题。随着历史唯物主义的创立，在后来的著作中马克思便不再用异化劳动作为理解社会问题的最后根据。

再者，《手稿》中那种理论形式上的旧痕迹，一如春潮涌动时后退着的堤岸一样，是正在消逝着的东西。

价值评价 1844 年 4 – 8 月马克思写作的《手稿》是一部未完成的著作。虽然没有完成，但《手稿》不是杂凑，而是马克思沉思的记录，有着丰富的内容、充满创造性。《手稿》出版后，影响巨大，学者做出不同的解释，是后人争论最多的马克思主义经典著作文本之一。争论至今、时起时伏。主要争论：

《手稿》在马克思主义发展史上的地位作用；

异化思想、人道主义在马克思主义中的地位；

马克思主义和人道主义的关系；

什么是真正的马克思主义。

一场关于"人道主义和异化问题"大讨论 在我国 80 年代掀起了一场关于"人道主义和异化问题"的争论。1983 年 3 月 3 日，为纪念马克思（1818—1883）逝世一百周年，社会主义、信仰马克思主义的中国，在中央党校礼堂召开纪念马克思逝世 100 周年学术报告会。中宣部决定第一个报告人是周扬。周扬报告的题目是《关于马克思主义的几个理论问题的探讨》。报告分四个部分：

（一）马克思主义发展的学说

（二）要重视认识论问题

（三）马克思主义与文化批判

（四）马克思主义与人道主义的关系

问题出在第四部分，在报告的第四个部分"马克思主义与人道主义的关系"中周扬指出，林彪、"四人帮"把"人性论"、"人道主义"批到登峰造极的程度。既然粉碎了"四人帮"，阶级斗争已经不是社会主义社会的主要矛盾，人才是物质文明，精神文明建设的目的，那么，我们有必要恢复人的尊严，提高人的价值。他还引用毛主席："世间一切事物中人是第一宝贵的。"的话来支持自己的观点。

周扬认为，马克思早期著作中对"人"的问题谈得比较多，也比较集中，其中包含十分精辟的见解；后期谈得比较少，但马克思始终关心、重视人，主张解放全人类，在人的问题上有新发展。周扬反对马克思后期放弃人道主义的说法。

周扬指出，资产阶级人道主义在历史上起过非常积极的作用。

周扬说，异化是一个"辩证法的概念"，马克思"把费尔巴哈的以抽象人性为基础的人道主义改造成以历史唯物主义为基础的现实的人道主义，"异化"这个概念起了关键作用。黑格尔、费尔巴哈都讲过异化，克服异化的途径到了马克思这里不再是什么"理性的力量"、"美育"，而是找到了"改变社会关系"、"取消私有财产"、实现共产主义这样的途径。

最后，周扬用不到 1000 字了社会主义社会的异化问题。周扬说，社会主义存在异化，社会主义的人道主义与反对异化是一件事情的两个方面，并列举了社会主义的异化——经济的异化、政治的异化、思想异化，权利的异化是公仆成为主人，思想异化是个人崇拜。周扬认为，"承认有异化，才能克服异化。"会上，秦川、王若水等支持周扬的观点，胡乔木、邓力群则不同意周扬的观点，胡乔木给中央打报告，要求批判周扬。

1983 年 10 月底 11 月初，胡乔木来到周扬家，劝周扬检讨。11 月初，周扬做检讨的录像在中央电视台向全国播放，这是周扬始料不及的。周扬检讨完，批判并没有结束，反而更升级了。从此，周扬再无法为自己辩解，压力巨大，抬不起头来。

1984 年 1 月，胡乔木写作出版《人道主义与异化问题》，一个 4 万字的小册子向全国印发，批判周扬，在全国开展了一场批判人道主义与异化问题的政治运动。

春节快到了，1984 年 1 月 24 日，胡乔木写了一首诗托朋友带去向周扬问候：

> 问　剑
> 谁让你逃出剑匣，
> 谁让你割伤我的好友的手指？
> 血从他手上流出，
> 也从我的心头流出，就在同时。
> 请原谅！可锋利不是过失。
> 伤口会愈合，友谊会保持。
> 雨后的阳光将照见大地，
> 更美了，拥抱着一对战士。

周扬之所以形成人道主义、异化思想，是由于周扬在此之前重读了西方马克思主义者卢卡奇的著作《历史和阶级意识》，重视西方马克思主义者对马克思早期著作的研究。卢认为社会革命的真正目的是铲除异化和实现"真正的人性"。马克思早期著作《1844 年经济学哲学手稿》、卢卡奇的思想深深影响了周扬。

周扬提出社会主义社会的异化问题，提出恢复人的尊严，提高人的价值的思想，今天看来没有错，也不过分，有进步意义、很有价值。只不过是在刚刚粉碎"四人帮"，还在讲社会主义优越性的年代，他探讨社会主义社会是否存在异化、谈人道主义，超前了，遭到了批判。

由 1983 年纪念马克思逝世一百周年活动中周扬的发言引发的"人道主义与异化问题"的争论重提人的价值、人的尊严、人性复归、人道主义，兴起马克思《1844 年经济学哲学手稿》的研究热，现在很多人重视马克思早期著作《手稿》胜过重视马克思成熟著作《德意志意识形态》。

强调"人是马克思主义的出发点"，实质上是对文化大革命以及之前数十年把马克思主义理解为阶级斗争的彻底反动，是对"以阶级斗争为纲"的社会实践的根本否定，是人的自我意识和人的现实生活的重新发现。这一争论具有明确的思想目标转向意义，即人们的目的、目标关切从宏大的、乌托邦理想重新回到现实人的现实生活。这种关心人、关注人的现实生活的思想意识觉醒，现实的人不再只是实现宏伟理想目标的工具，现实的人本身就是目的。"人道主义与异化问题"的争论使我们的目光从追求乌托邦的理想、先验预设原则转向关注人的现实生活。

二、《手稿》在中国的研究和评价

国内对《手稿》的评价主要有两种观点：一种受西方思潮影响，认为《手稿》是马克思哲学思想的顶点与峰巅，后来的唯物史观、《资本论》不是发展，而是倒退。这种对《手稿》评价过高，高到同后来马克思的思想发展、同恩格斯、同全部马克思主义根本对立起来，并且要求用他们所理解的《手稿》精神来修改或重新解释、批判全部的马克思主义，制造了所谓的"两个马克思"，这种观点被人们称为"顶点论"；另一种则受苏联研究影响，认为《手稿》仍然带有黑格尔、费尔巴哈的影响，是不成熟的著作。学者们就此展开争论，见仁见智。

陈先达在其专著《走向历史的深处》中提出了《手稿》主题思想与论证方式的矛盾。他认为《手稿》以异化劳动作为基本理论和方法，因而它的主题和对主题的哲学论证之间存在着不相适应的矛盾。他指出，马克思关于真正的人和异化的人、真正的社会和异化的社会、真正的劳动与异化的劳动的对立，并以前者为尺度来衡量后者是不科学的，马克思对商品、货币的看法也表明他的思想不成熟。

孙伯鍨、张一兵在《走进马克思》一书中提出了《手稿》两条思路、两条逻辑的矛盾。他们认为，《手稿》中存在着以抽象的人的本质为出发点的思辨逻辑和以现实的经济事实为出发点的科学逻辑之间的矛盾。因此，《手稿》还不是一部成熟的马克思主义的著作，马克思第一次面对经济和经济学的时候，还不是一个成熟的哲学家，这时他还不可能得出唯物主义历史理论。

张一兵在《回到马克思》一书中进一步提出了两种语境、两种话语的矛盾。他认为，两种完全异质的理论逻辑和话语并行在《手稿》中，呈现了一种奇特的复调语境，《手稿》是一个由极其复杂的多重逻辑线索构成的矛盾思想体，并认为《手稿》里的相当一部分论述是不科学的。

张奎良在《哲学革命变革的源头和对历史之谜的解读》一文中则持相反意见，他认为，不应把《手稿》排除在"成熟"著作之外，《手稿》在马克思主义形成中具有里程碑式的地位和意义。此后的《关于费尔巴哈的提纲》、《德意志意识形态》都不过是《手稿》思想的进一步发挥和展开。马克思的实践唯物主义正是发源于《手稿》，在《手稿》中业已形成并表述了实践唯物主义的基本思想。此时的马克思已经完成了从唯心主义到唯物主义和从革命民主主义到共产主义的两大转变，基本上形成了实践唯物主义的思维方式和世界观。他后期的思想是对《手稿》思想的进一步升华。

黄楠森既不同意对《手稿》评价的"不成熟论"观点，认为这是对《手稿》的基本否定，也不同意"成熟著作"的提法，而是持"转变论"的看法。他认为，《手稿》是马克思从唯心主义和旧唯物主义向新唯物主义转变的最后时期，他对"人的本质"的理解、对实践的理解为唯物史观的形成做好了重要的准备。

王东在《解读马克思的三种模式——我国理论界对〈1844年经济

学哲学手稿〉的探索及我们的见解》中又提出了"起点论"的全新评价。他认为，《手稿》是马克思哲学的创新起点，既区别于"顶点论"的过高评价，也区别于"不成熟论"或"矛盾论"的过低评价。他认为，《手稿》既不是马克思思想的顶点之作，也不是成熟之作，而是他哲学创新的起点之作、原创之作。从2002年起，他先后就此发表过6篇论文，出版专著《马克思学新奠基——马克思哲学新解读的方法论导言》，深入阐述了他这一观点。

阎树森在《创立马克思主义理论体系的开端——〈1844年经济学哲学手稿〉的解释与探讨》中认为，在《手稿》里，马克思第一次描述了马克思主义科学理论体系的宏伟大厦的轮廓。在理论批判和对资本主义现实批判相结合中，把政治经济学的批判和哲学的批判第一次结合起来。从剖析资本主义社会自身的发展规律的基础上，论证了它的未来发展趋势，合乎规律地第一次揭示了共产主义产生的历史必然性并且第一次阐明了关于共产主义社会的基本特征的科学预见，为创立无产阶级科学理论体系做出了巨大贡献。并且阐述和总结了马克思在政治经济学、共产主义理论和哲学这三个方面在理论上取得了丰富的成果。

熊子云在《〈1844年经济学哲学手稿〉摘要》中认为，《手稿》作为马克思主义形成的决定性时期的产物，具有继往开来的意义。但是，马克思此时关于政治经济学的研究毕竟是刚刚起步，尤其是针对古典经济学最重要的科学成果——劳动价值论采取了否定的态度，由此可以看出马克思此时的经济学理论还是很不成熟的。但是马克思在《手稿》中完成了由唯心主义和革命民主主义向唯物主义和共产主义彻底转变的过程，并且开始把经济学、哲学、共产主义学说有机地结合起来，奠定了马克思主义学说的雏形。并且从"研究与批判资产阶级经济学，开始了创立无产阶级政治经济学的过程"、"全面批判黑格尔哲学，为创立马克思主义哲学奠定基础"和"批判蒲鲁东改良主义和粗陋的共产主义，开始科学地论证共产主义"这三个方面，阐释和评价马克思在《手稿》中的思想。

三、《手稿》在西方的研究和评价

1932 年,《马克思恩格斯全集》(MEGAI)第 1 部分第 3 卷首次以德文原文发表了《手稿》全文,《手稿》全文的发表立即引起学者们的关注,形成一股研究热潮。总的来看,国外学者对《手稿》的评价大体有三种态度:

第一种观点认为,《手稿》是马克思思想发展的顶峰。 持这种观点的西方学者赞成对马克思主义的人道主义阐释。朗兹胡特和迈尔认为,《手稿》是马克思的中心著作,异化是历史唯物主义的核心概念。"自我异化是正在发生的历史的现实的物质的过程的人的结果。既有这种自我异化,也就一定有扬弃它的现实条件,就是说,自我异化的条件本身必须同时是人的自我实现的条件。人类历史的现实的、物质的过程本身就是人的自由的形成。这就是所谓'唯物主义历史观'的真正核心"。并且提出异化思想是马克思在费尔巴哈和黑格尔哲学那里获得启示并把它提出来,更重要的是在他以后的整个余生的精力都集中于"指出那些使观念和现实的矛盾得到解决的既存的现实力量。"

赞赏,抬高的,还有德里克·德·曼。德里克·德·曼强调:马克思思想在早期是"成熟的顶点",在晚期是"某种衰退和消弱"。他指出:"无论如何不能同意那种把《手稿》估计为尚不成熟的、青年时期的作品的看法。"[①] 他认为,在《手稿》写作时期,马克思的哲学观点已经达到了"完全成熟的表述"。他说:"这时马克思的经济学说刚刚开始进入产生的阶段,可是马克思的哲学前提则在脱离黑格尔哲学的过程中找到了完全成熟的完美表述。"[②] "切不可高估马克思的晚期著作,

---

① 《马克思早期思想研究》,三联书店 1963 年版,第 79 页。
② 《马克思早期思想研究》,三联书店 1963 年版,第 80 页。

相反的，这些著作暴露出他的创作能力的某种衰退和削弱。"① 德里克·德·曼把马克思分为青年马克思和老年马克思，认为青年马克思才是真正的马克思，而老年马克思不能代表马克思，用青年马克思否定老年马克思，用《手稿》否定马克思后期著作，制造青年马克思和老年马克思的对立。德曼认为，《手稿》对重新理解马克思的思想发展史具有决定性的意义，它是马克思成就的高峰，它清楚地揭示了隐藏在马克思社会主义信念背后的人道主义动机。他认为《手稿》这部著作"比马克思的其他任何著作都更清楚得多地揭示了隐藏在他的社会主义信念背后，隐藏在他一生的全部科学创作的价值判断背后的伦理的、人道主义的动机。""这里谈的不是资产阶级的社会哲学的由机械技术力量保证的'进步'，而是一种发生史，一种创造行动，它的意义在达到目的时才能实现。在这里基本的、持续不断的、人的动力并不是经济利益——这种利益只是私有制下作为非人化的形式占统治地位——而是生活需要，人只有通过人才能满足这种需要，它的最完美的表现就是人对人的爱"。因此他认为这种动机是人道主义的而不是经济学的。

弗洛姆认为，现实的个人的存在问题是《手稿》的核心问题，它与《资本论》中表达的思想并没有根本的不同。他认为马克思所认为人的本性和许多社会学家和心理学家不同，马克思认为"人一生下来就是一张白纸，在这张白纸上，文化教养写下自己的内容。"认为马克思正是从这一思想出发得出："人作为人是可认识的和可确证的存在物，人作为人不但在生物学上、解剖学上和生理学上是可赋予定义的，而且在心理学上也是可赋予定义的。"而且指出马克思对资本主义批判最有意义的地方，不是批判财富的不公正分配，而是劳动被歪曲成强制的、异化的、没有意义的劳动。也就是说，异化是对人的生产性潜能的否定。劳动本应该是自我表现的一种方式，但是在异化的情况下，劳动

---

① 《马克思早期思想研究》，三联书店 1963 年版，第 80 页。

变成了统治人的异己的力量，因为人们"在自己的劳动中不是肯定自己，而是否定自己，不是感到幸福，而是感到不幸，不是自由地发挥自己的体力和智力，而是使自己的肉体受折磨、精神遭摧残"。

马尔库塞强调，《手稿》中的"劳动"、"物化"、"私有财产"等范畴已经超出了经济学的范围，深入到把总体的人的存在作为研究课题的领域，成为历史唯物主义的基础。值得注意的是，马尔库塞在他自己的研究中发现，马克思在《手稿》中所讲的工人与资本家之间的矛盾，随着产品的极大丰富而逐渐地弱化甚至消失了。这是由于社会财富是增加，产品的极大丰富，资本主义要攫取更多的利润就不得不扩张自己的版图，本国的空间已经远远不能满足资产阶级的需要，从而开始向本国之外扩张，这样就缓解了本国工人阶级和资本家阶级的矛盾，并出现工人阶级和资本家阶级同化的趋势，工人阶级和资本家阶级逐渐地融为一体。这种趋势使得工人阶级失去了反抗的动力，他们的革命动力不存在了，转变成了肯定资本主义社会的一种力量。马尔库塞正是从意识形态的异化、科学技术的异化、人的异化等方面，对现代工业文明的消极影响进行了深刻的反思和批判，试图从西方社会高度富裕和高度自由的外表揭示出它对个人的统治和压抑。现工人阶级和资本家阶级同化的趋势，工人阶级和资本家阶级逐渐地融为一体。这种趋势使得工人阶级失去了反抗的动力，他们的革命动力不存在了，转变成了肯定资本主义社会的一种力量。马尔库塞正是从意识形态的异化、科学技术的异化、人的异化等方面，对现代工业文明的消极影响进行了深刻的反思和批判，试图从西方社会高度富裕和高度自由的外表揭示出它对个人的统治和压抑。

弗兰尼茨基认为，"马克思是这部手稿最清楚不过地告诉我们，一种新的天才的关于世界和人的观点已经成熟了。虽然某些明确的论断还没有提出来，但是考察这个根本问题的基础和范围已经牢固地奠定了。以后的著作只是说明，面临的主要任务就是：彻底遵循这些基本思想，把握整个人类的历史存在，更精确地表述各种结论"。

塔克尔认为，《手稿》中阐述的哲学共产主义才是原本的马克思主义，它的核心主题是"自我异化的人"。

卢卡奇认为，《手稿》的发表是马克思明确地宣布了自己的新世界观，马克思在以后的研究就是在哲学、经济学和历史领域努力建立和加深这个世界观。特别值得注意的是，西方马克思主义者卢卡奇相对于其他的马克思主义学者来说是最早对异化理论进行研究的。在 1923 年出版的他的《历史与阶级意识》一书中就对"物化"进行了描述（在卢卡奇看来这里的"物化"与"异化"几乎可以等同使用），用这一概念对资本主义的社会关系和本质特征进行了批判。卢卡奇认为："无产阶级作为资本主义的产物，必然隶属于它的创造者的生存模式。这一生存模式就是非人性和物化"。于是物化就成了资本主义社会的普遍特征。进而卢卡奇认为："人自己的活动，他自己的劳动，成为客观的，独立于自己的某种东西。"物化导致了人不能控制的物的世界，市场关系就是这种物的关系最好体现；而人自己的活动反过来受这种物的商品关系的控制，成为奴役劳动者。卢卡奇认为这种物化现象已经成为人们不能逃离的社会现实。在这一世界中所有人与人之间的关系都变成了物与物之间的关系，人所创造的这种关系是与自身相对立的。同时，他还强调由于物化，使得人变得被动，人们逐渐丧失了对理想的追求和对未来的憧憬，使得人们成了机器，失去了创造力。对于物化现象，卢卡奇提出了自己的解决方法。他认为，要克服无产阶级的异化状况，就要唤醒他们的主动性，通过主体的觉醒来让他们对总体性产生一种渴望。有了总体性和主体性，人们就能够生活的更有意义。至于什么是总体性，卢卡奇认为，它实质上就是一种领导权。无产阶级要克服物化意识，改造资本主义社会，就必须去获得领导权，唤起自己的主动性。

第二种观点认为，《手稿》是一部过渡性的著作，虽然里面含有一些历史唯物主义的思想因素，但整体上还带有费尔巴哈的人本主义痕迹。

博蒂热利认为，《手稿》本质上是一部过渡性的著作，虽然马克思已经认识到了社会形态的历史性，并且把无产阶级与资产阶级的对立看成是历史进化的结果，但这种观点是从黑格尔出发的抽象的哲学推理的结果，还没有发现生产力与生产关系矛盾运动的规律。他说："1844 年马克思的思想与它的最终形式相差还很远，《手稿》不是已经完成了的思想的体现，而是弄清那些在许多方面正处于摸索阶段的思想的见证"，"是一部在许多方面已形成了的思想力求达到自我澄清的著作。"

科尔纽认为，在《手稿》中，马克思把思维和存在、人和外在世界的统一看作是具体实践的结果，并力图从经济发展中去寻求社会变革的原因，但它仍带有唯心主义色彩。

麦克莱伦指出，虽然马克思声称自己的结论是通过完全经验的分析得出的，但"异化"和"人的本质的实现"这些术语的运用表明马克思的分析并不完全是科学的。

奥伊则尔曼指出，《手稿》中的异化概念具有过渡性质。一方面，异化概念确定了一个经济事实，即劳动产品和生产活动本身的异化。另一方面，它又是在费尔巴哈的意义上使用的，即人的本质的异化和自我异化。奥伊则尔曼认为：当马克思对社会关系，尤其是对抗性的社会关系进行历史的、经济的研究时，异化概念对他来说就失去了先前的意义，异化不再被看作解释社会关系形成的出发点，也不再起原先的作用，而是认为"异化是特定的、受历史制约的社会现象，这种现象本身要求从社会的经济发展中得到解释，并从中把它引申出来"。所以奥伊则尔曼认为《手稿》中的异化概念带有一定的过渡性质，他说："在马克思主义的形成过程证明，马克思和恩格斯是在还没有以对社会的经济史和政治史的理论概括为基础对资本主义的历史、资本主义同以前社会形态的关系、生产力和生产关系在社会发展中的作用进行具体的历史的理解以前广泛使用'异化'概念的"。

第三种观点认为，《手稿》是一部不成熟的著作。持这种观点的代表人物是法国结构主义者阿尔都塞。阿尔都塞否定、贬低《手稿》，他认为，以1845年为界，青年马克思与成熟的马克思之间存在着"认识论的断裂"，1845年前是意识形态阶段，1845年后是科学阶段。《手稿》时期的马克思尽管在政治上已是共产主义者，但在理论上还不是一个马克思主义者。因为《手稿》中的"异化""人的本质""人道主义"等概念表明，它的"理论框架"仍然是黑格尔的理性主义和费尔巴哈的人本主义。所以阿尔都塞认为，根据马克思在《手稿》中的论述，标志着马克思已经站到了无产阶级和共产主义事业的一边，但是这并不意味着历史唯物主义就已经制定出来。《手稿》是黎明前的黑暗，离马克思主义最远，马克思与《手稿》思想决裂，才达到马克思主义。

施密特认为，《手稿》具有抽象化和浪漫化的人本主义倾向，由于马克思没有经济史方面的正确知识，因此还未能完全从费尔巴哈的偶像化了的"人"与"自然"中解放出来。

从20世纪30年代开始，西方学者对《手稿》进行了广泛深刻的研究，主要是围绕如何评价《手稿》中的异化理论而展开的，以此出发引发了所谓"青年马克思"与"老年马克思"的争论。到20世纪60年代末，学者们对《手稿》的研究开始转向文献学研究并取得了丰硕的成果。

《手稿》公开发表以来，在世界范围掀起了手稿热，时至今日方兴未艾。研究《手稿》的人不仅有政治家、革命家，还有各界学者，包括经济学界、哲学界、美学界、文艺学界等，甚至形成了不同的学派。

总之，对待《手稿》有三种态度：

1、把马克思分期，肯定《手稿》，用青年马克思否定老年马克思，青年马克思是马克思的全部；

2、否定《手稿》，用老年马克思否定青年马克思；

3、《手稿》不成熟，但闪耀着创造性的火花，是马克思走向历史唯物主义的出发点。

我们同意第三种看法。理由详见后面的论述。

其实，对马克思著作的评价不同，肯定哪部著作的观点，体现对马克思的哲学完全不同的理解。

关于《手稿》的争论，使下列问题引起我们深思：

《手稿》成不成熟？

《手稿》是马克思主义的全部？

马克思主义是不是人道主义？

到底什么是马克思主义？马克思主义的理论性质是什么？

我们原来理解的马克思主义对不对？

自 1932 年《手稿》公开发表以来，在世界范围掀起了手稿热，时至今日，这股热潮仍方兴未艾。研究《手稿》的人不仅有政治家、革命家，还有各界学者，包括经济学界、哲学界、美学界、文艺学界等，甚至形成了不同的学派。这种情况在人类思想史上都是少见的。

作为马克思主义的"诞生地和秘密"的《手稿》，认真研究它的思想内容可以深刻地理解马克思主义形成的历史，了解马克思思想发生转变的历程，有助于我们全面深入地理解马克思主义。认真研究《手稿》有助于我们正确对待关于马克思主义理论的不同学说中有价值的成分。例如赫斯、施蒂纳、马尔库塞、弗洛姆、萨特等，他们的思想中除了偏离马克思主义的错误外，也还存在着值得我们吸取的有益成分——这些是思想禁锢条件下无法发现的，因而，需要我们与时俱进，在新的条件下认真加以清理和扬弃。

《手稿》与西方马克思主义 20 世纪 20 年代一战后，俄国十月革命取得了胜利，但中西欧无产阶级革命却遭到失败。西方发达国家共产党领袖卢卡奇、柯尔施等人认为俄国革命道路在中西欧是行不通的，于是，西方国家中产生一种反对列宁主义但又自称是马克思主义的思潮——西方马克思主义。1923 年，卢卡奇、柯尔施分别著书，试图把马克思主义解释成为一种人道主义，并强调马克思思想与黑格尔思想的连续性。1968 年法国"五月风暴"，西方马克思主义被激进的青年学生和工人奉为反对发达资本主义异化制度的思想武器。"西方马克思主义"企图把马克思主义同现代西方哲学的一些流派结合起来，在对现代资本主义社会的分析和对社会主义的展望上，在革命的战略和策略上，提出了同列宁主义相对立的见解。

"西方马克思主义"认为，马克思主义逐渐不适应历史运动，马克思主义对非马克思主义获得的成就加以排斥，因而经常处在不理解工人阶级和其他阶级的变化发展的危险之中。为了防止和克服这种危险，"西方马克思主义"断然反对"教条主义"，主张"重新发现"、"重新创造"马克思主义。在此过程中，"西方马克思主义"强调马克思主义的某个方面，而指责、否定其另一个方面；把马克思和恩格斯、列宁对立起来，并按照自己的需要批评恩格斯和列宁阐述的某些原理。"西方马克思主义"强调借用资产阶级思想的伟大成就，它们用西方哲学思想去"补充"和"革新"马克思主义，由此形成马克思主义同资产阶级哲学流派的混合物。"西方马克思主义"在分析研究发达资本主义社会出现的新情况基础上，探索了西方革命的途径，批评了苏联社会主义模式的弊端和缺陷。但是，由于它们脱离了马克思列宁主义科学的世界观和方法论，因而没有能够为现代西方社会指出一条摆脱资本主义、走向社会主义的道路。

卢卡奇、柯尔施对马克思主义人道主义的解释，与第二国际的科学主义解释、第三国际的列宁主义解释根本不同，遭到猛烈批判。卢卡奇被迫作自我批评，并宣布收回自己的观点；但柯尔施拒不认错，反于1930 年发文反批判。在此，柯尔施第一次提出西方马克思主义概念，并强调它与正统马克思主义，尤其是与列宁主义的对立。但是，这个概念在当时并没有引起注意。后来到了 1955 年，法国梅洛—庞蒂对西方马克思主义基本特征进行了概括，并首次把卢卡奇称为西方马克思主义创始人，把《历史和阶级意识》称为西方马克思主义"圣经"。此后，这个概念才引起了较大反响。

西方马克思主义受到共产国际的批判后，在共产党外发展起来。

20 世纪 30—60 年代末，是西方马克思主义鼎盛发展时期。西方马克思主义者重点寻找马克思《1844 年经济学哲学手稿》中"哲学家的马克思"。这时，西方马克思主义从国际共运内部的非正统马克思主义观点，逐步演化成为具有国际性影响的非正统马克思主义与非马克思主义结合的社会思潮。

西方马克思主义是资本主义世界工人革命运动低潮的产物，由于科学技术革命和西方社会自觉的或被迫的自我调适、自我变革，西方各国大体上处于相对稳定的发展阶段，身处这种社会的理想主义者和社会变革家，再去发展一种经济危机及其爆发的理论，再去制定无产阶级夺取政权的策略，既无紧迫性，也无实际意义。但是，西方现代化社会并不意味着完美无缺、毫无问题，从马克思《1844 年经济学哲学手稿》的原始出发点——人的解放，消除异化，个人自由、全面的发展看现代发达社会中的人，一方面得到了物质享受，另一方面却在人性上付出了极大的代价，迷失了、甚至丧失了自我。因此，西方马克思主义者主观上坚持批判资本主义的初衷不变，客观上形势使然，走上了社会批判和文化批判的道路，提出了许多发人深省的观点。作为一种（在否定的辩证法这种意义上的）批判理论，作为一种社会病理诊断，西方马克思主义和马克思的批判精神是相契的。

西方马克思主义者揭露与批判当代资本主义社会的异化现象。他们指出，在商品丰富，物质生活提高的同时，产生了新的匮乏，即精神的空虚和痛苦：人们成了商品的俘虏，被动地接受传媒铺天盖地的广告，这些广告制造虚假的、强迫性的需求，人们的情趣在不知不觉中完全被大厂商调度和控制，毫无理性地一味追求高档、名牌商品；在虚假的满足中，人丧失了自己的天性，甚至丧失了痛苦的感觉，人已被异化得失去了自我。西方马克思主义者还提出，由于异化性的高消费、高生产，人类与自然的和谐关系早已不复存在，双方处于极度尖锐的对立和冲突中；贪得无厌地追求物质享受驱使人不加节制地开发自然，这实际上成了盘剥和破坏自然。他们警告说，自然界对人类的侵略并不是无动于衷的，它会进行报复，在人与自然的战斗中，最终吃亏的还是人。他们主张重建新的经济模式，限制消费，降低生产，扭转浪费资源、破坏生态平衡的趋势。西方马克思主义的这种批判在西方社会有振聋发聩之效。

西方马克思主义最有价值的内涵是它的批判精神，它提出和发展的社会批判和文化批判理论，其实质是对资本主义社会人道主义的批判，是运用和发展了马克思《1844 年经济学哲学手稿》中的异化和人道主义思想。《1844 年经济学哲学手稿》是西方马克思主义的文本根据、重要思想来源。

西方马克思主义主要流派、代表人物：

早期西方马克思主义：卢卡奇、柯尔施、葛兰西、布洛赫

法兰克福学派：霍克海默、阿多诺、本雅明、马尔库塞、哈贝马斯、施密特

弗罗伊德主义的马克思主义：赖希、马尔库塞、弗罗姆

新实证主义的马克思主义：科莱蒂、德拉－沃尔佩

存在主义的马克思主义：列斐伏尔、梅洛－庞蒂、萨特

结构主义的马克思主义：阿尔都塞

分析马克思主义：柯亨 罗默 J·埃尔斯特

生态马克思主义：高兹 本·阿格尔 莱易斯 佩珀

后马克思主义：埃尔斯托·拉克劳、詹托尔·穆佛、雅克·德里达

后现代马克思主义：弗里德里克·詹姆逊（詹明信）

第二章
工资　利润　地租

任何新思想的产生，都离不开对前人的借鉴和自我的思考，《手稿》的产生也是如此。马克思正是在研读政治经济学著作的同时，发现了问题，产生了自己对政治经济学的独特想法，提出了自己的思想，并且给出了解决这个问题给出了途径。从《手稿》的内容中我们可以看到，马克思发现问题、提出问题和解决问题的思考过程。

从马克思写作《手稿》的历史背景中，我们可以看出，马克思所经历的一切都使得他对经济学产生了浓厚的兴趣，看到了人和人的关系必然是建立在一定的物质基础上的；但此时的马克思还不知道如何从经济学的角度来认识这个社会，所以他选择了从大量的政治经济学的著作中寻找答案。马克思在阅读的过程中，发现了人们的收入形式，无论从奴隶社会、封建社会还是资本主义社会，只要付出劳动就会有一定的收入，而这种收入形式则映现了不同人的生活境况。马克思根据当时的社会现状，发现了三种收入形式反映的不同人的生活境况。这三种收入形式，分别是工资、资本的利润和地租，马克思这三个议题抓得非常准确，分析得也极为深刻。

第一节 工资

一、以工资为生就等于贫困

在工资这个片断里，马克思主要参考了亚当斯密在《国民财富的性质和原因的研究》这部著作中的观点，并在摘录的过程中产生了自己的想法。同样是论述工资，马克思和斯密有着两种不同的思路。斯密是以分工开始他的体系研究，而马克思则是从分析工资出发。但是，马克思和斯密都认为，在工资的多少这个问题上是由资本家和工人之间的敌对斗争决定的。在这一争斗中，胜利必定是属于资本家的。为什么胜利一定属于资本家呢？

马克思认为拿工资的有三种人，一种是佣人，一种是工人，一种是职员。佣人拿的是工钱，工人拿的是工资，职员是薪金和报酬。他们虽然工资多少不一样但是，这种付出劳动就有一定的收入形式，统称工资。马克思认为，如果在一个社会中，你只要是拿工资的，那么你必定是贫穷的。

马克思认为工人的劳动和他们的收入是没有关系的，工人的工资不是由工人劳动的多少算出来的，而是由雇佣工人的资本家制定出来的。工资和劳动是不对等的关系。换句话说，不论工人付出多少，工人的工资是不变的。马克思说，"只要资本家和工人处于一种敌对的状态，胜利必然属于资本家。资本家没有工人能比工人没有资本家活得长久。资本、地租和劳动的分离对工人来说是致命的。"

工资是什么呢？工资对于工人来说意味着什么呢？马克思认为，只有两种状况。一种状况是维持工人生活的最低费用，为了使工人的劳动能够维持下去，继续为资本家提供劳动力。另一种是为了让他们养家糊口，以致于这个种族不致于灭绝的费用，以便让资本家能够不断获取充足的劳动力资源。在这样的情况下，工人成了商品，工人不是作为人来存在的，而是作为物来存在的。

马克思认为，商品的价格是由市场上的供求关系决定的，同样道理，工人作为"商品"的存在，工资就是工人这种商品的价格，所以工人的价格——工资，也是由供求关系所决定的，从而这种供求关系必然会影响到人的生产。马克思说："对人的需求必然调节人的生产，正如其他任何商品生产的情况一样。"在经济学中，供给大于需求时会产生两种结果：一是商品价格降低，二是部分商品卖不出去。在第一种情况下，工人的工资会降低，因为他们是在买主（资本家）的眷顾下才获得工作的机会，这时候工人必然会屈从于资本家的无理要求；在第二种情况下，会有一部分工人丧失工作的机会。

二、工人在资本主义社会三种不同状态中的地位

斯密认为，工人的工资与国家的经济发展状况有密切的关系。只有在国家经济退步的时候，工人的工资才会下降；当国家的经济情况处于相对稳定的时候，工人的工资也处于相对稳定；当国家财富处于增长的状况时，工人的工资也会随之增长。但是与斯密的看法不同，马克思对于这三种社会状况下的工人工资水平提出了自己的看法，马克思认为无论在社会处于什么样的状况下，工人逃脱不了厄运，工人都是悲惨的、贫困的，都是不可能摆脱悲惨的命运。让我们来看一下，马克思是怎么样从社会财富的角度对此进行的阐释。

在社会财富处于衰落状况时，工人遭受的痛苦最大 这种状况很好理解，当社会财富衰退时，整个社会的财富下降，资本家同样会受到影

响，利润减少，并且资本家们为了避免自己遭受更多的损失，必然会把它转嫁到工人头上，工人的工资自然同样跟着衰退。马克思指出："如果社会财富处于衰落状态，那么工人所受的痛苦最大。因为，即使在社会的幸福状态中工人阶级也不可能取得像所有者阶级取得的那么多好处，没有一个阶级像工人阶级那样因社会财富的衰落而遭受深重的苦难。"

在社会财富增加时，是对工人惟一有利的状态，但是呈现出复杂的情形：

首先，社会财富增长时，为获取更多的利润资本家会扩大生产，因而他们对工人的需求会增大，并以增加工人工资的方式来竞争到更多的劳动力。这种看似有利于提升工人生活质量的状况，其实只是一种假象，工人反而会因此付出的更多。因为工资的提高意味着工人必须付出更多的劳动，而过度的劳动就不得不牺牲自己更多的时间，从而导致工人寿命的缩短。更可悲的是，工人寿命的缩短对于整个工人阶级来说并不是苦难反而是一种有利的状况，因为当一部分走向死亡的时候，就必然会不断产生对劳动的新需求，另一部分人就可以马上地补充上来。因此，马克思说"工资的提高引起工人的过度劳动。他们越想多挣几个钱，他们就越不得不牺牲自己的时间，并且完全放弃一切自由来替贪婪者从事奴隶劳动。这就缩短了工人的寿命。工人寿命的缩短对整个工人阶级是一个有利状况，因为这样就必然会不断产生对劳动的新需求，这个阶级始终不得不牺牲自己的一部分，以避免同归于尽。"

其次，当社会财富增长时，使得资本大量的积累。在这样的情况下，资本家们开始互相兼并，大资本家为了赚取更多的利润就必然要扩大规模而兼并小资本家，小资本家迫于竞争的压力而不得不选择破产。这种大鱼吃小鱼的激烈的竞争结果是：一方面形成少数大资本家；另一方面破产的资本家就加入到了工人阶级的队伍，沦为工人。这样，工人人数增多了，工人就更加依赖于少数大资本家，工人之间的竞争变得越来越激烈，进而使工人阶级在和资本家斗争中处于非常不利的地位。因此，在这样的情形下，工人的工资反而减少了，因为竞争的加大促使工人阶级不得不付出更多的劳动，不得不被迫接受更低的待遇和更多的要求，以保证自己不失业。马克思在书中说："只有最富有的人才能靠货币利息生活。其余的人都不得不用自己的资本来经营某种行业，或者把自己的资本投入商业。这样一来，资本家之间的竞争就会加剧，资本的积累就会增强。""即使在对工人最有利的社会状态中，工人的结局也必然是：劳动过度和早死，沦为机器，沦为资本的奴隶（资本的积累作为某种有危险的东西而与他相对立），发生新的竞争以及一部分工人饿死或行乞。"

　　正如马克思所说，还有一种情况就是当社会财富增加，机器被大规模运用时，工人逐渐沦为机器的零件。马克思说："资本积累的扩大分工，而分工则增加工人的人数，反过来，工人人数的增加扩大分工，而分工又增加资本的积累。"面对这种资本积累的扩大、分工扩大的状况，对工人来说，其结果会怎么样呢？其结果只能是：工人日益完全依赖于一定的、极其片面的、机器般的劳动，使得工人在精神上和肉体上被贬为机器，只剩下抽象的活动和胃，胃就是使他们填饱肚子，再继续进行工作。这样就使得工人更加依赖于资本家，对于工资的多少更是完全由资本家来决定。

　　在社会财富完满的状态时，贫困持续不变　　所谓的"完满"是指，当一个国家的社会财富达至顶点、不会再增加的时候，工人的境况依然不会得到任何改善。这就是工资这一种收入形式，映现出的这部分人的生活境况。马克思在书中也总结到"在社会的衰落状态中，工人的贫困日益加剧；在增长的状态中，贫困具有错综复杂的形式；在达到完满的状态中，贫困持续不变。"所以工人无论在什么情况下，吃亏的首先是工人。工人和资本家同样在苦恼时，工人是为他的生存而苦恼，资本家则是为他的死钱财而苦恼。

马克思在分析了工人工资与社会贫困之间的必然联系之后，接着讽刺地指出了资产阶级经济学家的理论与实际的矛盾。按照国民经济学的理论，劳动的全部产品应属于工人，但是他们又说，工人实际上得到的是产品中最小的、没有就不行的部分，只得到他不是作为人而是作为工人生存所必要的那一部分，以及不是为繁衍人类而是繁衍工人这个奴隶阶级所必要的那一部分，这是自然的，合理的。按照他们的理论，劳动可以购买一切东西，所谓的资本不过是劳动的积累，但实际上，恰恰是劳动的所有者——工人，不但远不能购买一切东西，而且还"不得不出卖自己和自己的人性"。按照他们的意见，劳动是创造一切产品价值的源泉，是人的能动的财产，但是，"有特权的和闲散的神仙"——土地所有者和资本家，都"处处对工人占上风，并对他发号施令。"按照他们的意见，劳动是唯一不变的物价（即劳动是衡量一切产品的价值的不变的尺度），可是再没有什么比劳动价格更具有偶然性，更受波动的了。因此在马克思看来，古典政治经济学的谬误就在于，在他们眼中，劳动仅仅是一种"谋生活动"，工人只不过是一种"劳动的动物"，被作为"仅仅有最必要的肉体需要的牲畜"来看待的，他们抽象地把劳动看作物，人的具体的社会属性被这些经济学家排除在视野之外。

此时的马克思虽然接受了古典经济学家的关于工资理论的一些基本观点，但是在阶级立场上马克思站到了和资产阶级经济学家的对立面，因为马克思看到了资产经济学家的虚伪性，并且毫不留情地揭露了他们的理论：按照他们的意见，工人利益从来不同社会的利益相对立，工人的利益是和资本主义社会利益相一致的观点，但实际上，无论资本主义社会处于什么状态，总是对工人不利，总是不断加深对工人的剥削。按照国民经济学自身逻辑的发展本应得出，在资本主义制度下，由于雇佣劳动制度，劳动对工人来说是有害的，造孽的，应该消灭这种"仅仅在于增加财富"的劳动；但他们都"不知道这一点"，这是因为他们是为资产阶级利益进行辩护的理论家。

马克思形象地说道：当资产阶级经济学家把无产者当作工人来考察时，会提出这样的论点：工人完全和一匹马一样，只应得到维持劳动所必需的东西。当资产阶级经济学家他们不考察不劳动时的工人时，他们不把工人当作人来考察，把这种考察交给刑事司法、医生、宗教、统计表、政治和乞丐管理人去做。这揭露了资产阶级经济学家理论上的非科学性，和掩饰真相麻痹工人阶级的维护阶级利益的真实目的。

第二节　资本的利润

马克思谈到的第二种收入形式是资本的利润，也就是收入形式是从资本中取得利润。在这个议题中，马克思用四个部分的内容论述了自己对利润的看法。

一、资本

马克思认为资本家的收入形式就是利润的大小。那么利润是什么？为了解释清楚利润，马克思首先从资本谈起。

资本的本质　什么是资本？首先，马克思指出资本的本质就是："资本，即对他人劳动产品的私有权"，这种"资本对劳动及其产品的支配权力"，是一种"不可抗拒的购买的权力"；也就是说，资本就是对他人劳动产品的私有权，资本的表现形式就是对支配他人劳动和一切劳动产品的权力。虽然马克思给出的资本的定义不是很明确，但实质上把资本的社会本质说出来了。

资本家支配权力的来源　马克思认为，这种权力的来源于资本家的"所有者"的身份，这种"所有者"身份使资本家对他所拥有的东西

（包括资本）享有支配权，能够用它来购买任何东西，包括劳动，并按照自己的意图使用它们。"资本家拥有这种权力并不是由于他的个人或人的特性，而只是由于他是资本的所有者。他的权力就是他的资本的那种不可抗拒的购买对权力。"

资本和利润的关系　根据斯密的说法，资本是"一定量的积蓄和储存的劳动"，那么就可以认为资本可以购买劳动的所有者——工人，"资本是积累的劳动"。但是，斯密认为："基金、资金是土地产品和工业劳动产品的任何积累。资金只有当它给自己的所有者带来收入或利润的时候，才叫作资本。"可见，并不是所有土地产品和工业劳动的产品的积累都叫资本，只有那些能给占有者带来收入或利润的基金才是资本；在这一观点上，马克思肯定了斯密思想。这就是说，资本是用来雇佣他人劳动，其目的在于获得利润的一种生产基金。只有有了生产基金之后，才能投入生产，有了生产才能带来利润，而利润就是资本家的收入。所以，马克思根据斯密的观点，揭示了资本和利润的关系——资本是利润的基础。这也是资本区别于其他东西的本质所在，即只有能够带来利润的资金才是真正的资本。

二、资本的利润

利润是资本家的收入，但利润与工资不同，工资长期处于不变的状态，雇佣的工资是有固定的额度，不会轻易的改变；但是利润却是不可捉摸的。所以追求利润是资本的内在要求，资本家必然会不惜一切来取得利润的最大化，即提高利润率。马克思提出了最低利润率和最高利润率的观点。最低利润就是整个资金投入生产以后，去除所必须的生产成本（包括工人的工资）以后，剩下来的剩余部分。那么什么是最高利润呢？就是把生产成本压到最低的情况下，以获取最大的剩余。关于提高利润率的方式，马克思认为有两种："第一，通过分工；第二，一般地通过对自然产品加工时人的劳动的增加。人加进商品的份额越大，死资本的利润就越大"。在国民经济学家看来，"资本的利润同资本的量成正比"，而资本又是积累的劳动，因此资本的利润的多少取决于劳动的投入量的多少。投入资本多，获取的利润就大，因此资本家会不断积累资本，提高利润率。而获得的利润，资本家也不会完全用于消费，而是把绝大部分转化为资本去购买劳动，投入到生产活动之中。

三、资本对劳动的统治和资本家的动机

在这部分里，马克思摘录了亚当·斯密和萨伊的观点。对这些摘录，马克思没有加任何评论和说明，看来是完全同意这些观点的。概括起来有以下几点：

首先，追逐私人利润是资本家进行投资的唯一动机。马克思说，资本家在决定把资本投入农业还是投入工业，是投入批发商业的某一部门还是投入零售商业的某一部门时，充满各种各样的考量。在这样的情况下，资本家不仅要考虑整个生产，而且最为主要的就是考虑整个投资，就是用什么样的方式可以使自己的资本获得最大的利润。

其次，资本家的利益与社会的一般利益不一致。马克思正是看到了资本家以追逐利润最大化为目的，预感到了资本主义最为恶劣的资本投资的境况，商品质量普遍低劣，伪造、假冒无毒不有，在整个城市当中都会出现。

再次，资本家对工人的统治与压迫。资本家为了利润最大化，必须以各种各样的手段，降低生产成本，尽可能低的付给工人工资。

更为残酷的是，当在国内获取的利润有限时，为了获取利润而使用的投机行为开始向国外扩展，随之就出现了贩卖奴隶、无节制的开采矿产这样的情形，从中以攫取巨大的利润。那么面对资本家这样的收入形式，人们所遭遇的生活境遇是，在一个无限的被金钱和资本所裹挟的一

个生活环境中，无论是资本家还是工人都被完全的异化了，被物质利益所控制。

四、资本的积累和资本家的竞争

为了追求利润，提高利润率，最关键在于提高资本的投入量，因为利润的多寡同资本的数量保持一定的比例，因而资本家才有兴趣投入较多的资本，所以资本家会拼命积累资本，以实现其逐利的目的。那么什么是资本积累呢？马克思认为："在私有制的统治下，积累就是资本在少数人手中的积聚"，资本的本性必然会导致资本的流动，这种流动的结果是，有的资本家积累的资本越来越多，有的则越来越少，当他们都想让自己手中的资本增多的时候，他们之间就会形成竞争。这种资本家为了各自积累更多的资本而开展的竞争，成了资本运动的必然形式，成为渗透到整个资本主义社会机体的最普遍的规律。

资本的流动导致积累的发生，也意味着竞争的开始，这个竞争的过程我们也可以称之为资本积累的过程。按照资产阶级经济学家的说法，竞争是对抗资本家的唯一手段，竞争既对工资的提高，也对商品价值的下降产生有利于消费公众的好影响。但是，只有当资本增加而且分散在许多人手中的时候，竞争才有可能。只有通过多方面的积累才可能出现许多资本，因为资本一般只有通过积累才能形成，而多方面的积累必然转化为单方面的积累，各个资本之间的竞争扩大各个资本的积累。只要听任资本的自然趋向，积累一般来说是一个必然结果，而资本的自然使命恰恰是通过竞争来为自己开辟自由的道路。在资本家之间进行的激烈竞争中，遭殃的首先是小资本家。在这一点上，马克思同意资产阶级经济学家的观点，马克思认为，资本积累就是大资本家会通过自己的优势和多种方式击溃吞并小资本家的过程，最终实现资本的快速增长，并实现竞争的逐步减小乃至消失，"当资本和地产掌握在同一个人手中，并且资本由于数额庞大而能够把各种生产部门结合起来的时候，资本的积累日益增长，而资本间的竞争口益减少"，最终形成垄断。在垄断的情况下，资本家拥有了产品的定价权，这时候的产品价格是最高的，资本家获得的利润也是最多的。

此外，市场竞争是一个优胜劣汰的过程，在这个过程中既会出现限制资本家随意提高价格的行为——为了保护产品的竞争力必然会在他们可接受的范围内降低价格，以便保持产品的竞争力——也会导致无政府主义，因为"经济规律盲目地支配着世界"。因此，资本家的眼里只有产品，人（包括资本家和工人）在竞争中成为背景性的悲剧存在。

第三节　地租

马克思认为资本主义社会存在着三大阶级：即资本所有者（资本家）、土地所有者和劳动者，与之相应的是三种收入形式，即利润、地租和工资。对前两种收入形式，我们已经了解了，现在就来看一下马克思是如何对地租进行分析的和说明的。

一、地租的实质

让我们来看一看什么是地租，地租的实质是什么。所谓地租，就是对土地所有权的确认。那么，地租如何确定？地租的多少有哪些因素决定呢？马克思接受了国民经济学家斯密的观点，认为影响地租的两个因素是"土地的肥力"和"土地的位置"。但马克思认为，这个观点虽然有其合理之处，但是并没有看到地租的实质。土地的肥力和位置固然会影响着地租的多寡，但这只是土地的一个自然属性，要真正获得土地的所有权、占有土地靠什么？马克思认为是所有的土地必须靠掠夺。"土地所有者的权力来源于掠夺","地租是通过租地农场主和土地所有者之间的斗争确定的。"但是这一点被资产阶级的国民经济学家忽视了。

马克思以此作为出发点，驳斥了亚当·斯密关于土地所有者始终同社会的利益相一致的论断，是荒谬的。马克思认为土地所有者的利益和整个社会利益的对立。在私有制占统治的条件下，土地所有者的利益同社会的利益完全不一致，并且同租地农场主、雇农、工业工人和资本家的利益相敌对。一个土地所有者的利益，由于竞争的缘故，也决不会同另一个土地所有者的利益相一致。马克思指出："在私有制占统治的条件下，个人从社会得到的利益同社会从个人得到的利益成反比。"

二、地租的形成

马克思认为正是由于对土地和土地所有者的权力的掠夺，使得原来有土地的人或者土地比较少的人放弃了土地的所有权占有权，把他排挤出没有土地这样的行列，成为一个没有生产资料的人。

在这样的情况下，大地产和小地产之间的相互关系一般是与大资本和小资本之间的相互关系一样，进行着你死我活的竞争，其结果必然产生大地产的积累和大地产对小地产的吞并，即大地产的进一步集中。但是，还有一些特殊情况必然引起大地产的积累和大地产对地产的吞并，这种竞争还会使大部分地产落入资本家手中，资本家同时也就成为土地所有者，同样，一部分大土地所有者同时也成为工业家。地产集中的过程同时也是地产资本化的过程，当土地所有者拥有了大面积的土地之后，他们就把土地本身是变成为工厂，开辟各种各样的产业，这样就使得土地马上就成了资本；当土地变成资本以后大土地占有者就不再拿地租了，而是天然地走向了资本家的行列。这种竞争的最终的结果是，最终"资本家和土地所有者之间的差别消失了，以致在居民中大体上只剩下了两个阶级：工人阶级和资本家阶级"。对于这种地产资本化的实质马克思作了生动而又深刻的描述："地产的根源，即卑鄙的自私自利，也必然以其无耻的形式表现出来。稳定的垄断必然变成动荡的，不稳定的垄断，即变成竞争，而对他人血汗成果的悠闲享受必然变成对他人血汗成果的忙碌交易"。实际上，在竞争的过程中，地产必然以资本的形式既表现为对工人阶级的统治，也表现为对那些随着资本运动的规律升降浮沉的所有者本身的统治。

三、地产的分割问题

在地租一节的结尾部分，马克思有讨论了关于地产的分割的问题。地产的分割并不消灭垄断的基础——私有制。它只触及垄断的存在形式，而不触及垄断的本质。地产的分割是私有制规律的牺牲品，它是适应工业领域的竞争运动的，地产的分割同工业中的竞争一样，必然重新转化为积累和积聚。凡是进行地产分割的地方，就只能或者回到更加丑恶的形态的垄断（即资本主义类型的大地产），或者否定、扬弃地产分割本身，对垄断的最初扬弃总是使垄断普遍地，也就是使它的存在范围扩大。扬弃了具有最广泛的、无所不包的存在形式的垄断，才算完全消灭了垄断。对土地私有制的根本扬弃，必将由"联合"来代替它。联合一旦应用于土地，就享有大地产在经济上的好处，并第一次实现分割的原有倾向——平等。土地不再是买卖的对象，而是通过自由的劳动和自由的享受，重新成为人的真正的自身的财产。

他以英国为例说明了在资本主义条件下，大地产已经失去自己的封建性质而具有工业的性质，地产的分割与垄断的发展已经完全受资本的运动规律所支配，马克思说："地产一旦卷入竞争，它就要象其他任何受竞争支配的商品一样遵循竞争的规律。它同样会动荡不定，时而缩减，时而增加，从一个人手中转入另一个人手中，任何法令都无法使它再保持在少数特定的人手中。直接的结果就是地产分散到许多所有者手中，并且无论如何要服从于工业资本的权力。"所以"封建的地产，不管它怎样设法挣脱，也必然要遭到分割，或者至少要落到资本家手中。"在农业中，同在工业和其他资本主义经济部门一样，也会出现大鱼吃小鱼，小鱼吃虾米的社会现象，分割走向垄断。由于竞争，租地农场主有一部分人要沦为无产阶级，大土地所有者中也会有一部分人完全破产，农业工人的工资会进一步降低。正是如此，金钱成了人与土地联系的纽带，金钱关系统治着一切。大地产所有者这种对金钱贪得无厌的欲望，把农业工人的工资降到最低限度，不断加剧他们同工人之间的敌对矛盾，促使资产阶级和无产阶级的对立、斗争更加激化，从而必然导致革命的爆发。

四、地产与资本

马克思概括了地产与资本，即私有财产不同形式的历史结局。"工业必然以垄断的形式和竞争的形式走向破产，以便学会相信人，同样，地产必然以这种方式或那种方式发展起来，以便以这些方式走向必不可免的灭亡。"

这短话也对农业向工业发展之后，工业历史发展的结局作了总结。私有制发展了的形式就是资本主义的工业。而地产与资本的差别是历史的差别，地产必然发展到更高级的私有制形式，也就是地方变成资本时，同样走向它不可避免的灭亡。马克思通过对地产运动的研究，揭示了人类社会发展的客观规律：资本主义经济是建立在私有制基础上的经济，最后走向灭亡是不可避免的历史命运。

马克思在接下来的章节中，对资本与地产的对立运动作了补充分析。他说："地产是私有财产的第一个形式，而工业在历史上最初仅仅作为财产的一个特殊种类与第地产相对立，或者不如说它是地产的被释放了奴隶。"马克思在这里说明了地产是私有财产的第一个形式，而工业是历史发展的趋势，那么当"一切财富都成了工业财富，成了劳动的财富，而工业是完成了的劳动，正像工厂制度是工业即劳动的发达的本质，而工业资本是私有财产的完成了的客观形式一样。"就是说当工业是私有财产完成了的客观形式是，我们将会看到，"只有这时私有财产才能完成它对人的统治，并以最普遍的形式成为世界历史的力量。"即当资本主义私有制在人类历史上处于统治地位时，商品货币关系讲支配一切，它将打破国界、民族上的局限，成为世界历史发展的力量。

通过对工资、资本的利润和地租的研究，马克思看到它们背后所蕴含的东西，就是每一种收入形式，所映现出来的生活境遇是不同的。但在实际上，从人的角度上看，无论是工人、资本家还是农民，他们都是一样的，他们都是一种异化状态，生活在异化状态之下。

第三章
《手稿》中的异化劳动理论

第一节　异化劳动

一、异化和异化劳动

异化　某一主体（某个人、某一集体、某个集团）在某种历史条件下的活动或者活动的结果，转化为某种同自己相对立的东西，成为外在于自己的或异己的统治者、支配者。异化是指这样的现象或过程。

马克思的前人讲过异化，异化思想并不是马克思的首创，但以前的思想家并没有讲过异化劳动，"异化劳动"是马克思的首创。"异化"概念早在17—18世纪法国启蒙学者用其讲国家的产生、政治领域的问题时都使用过，通常是指"权力的转化"、"精神的错乱"等含义。卢梭、克罗修斯都用过"异化"概念。

黑格尔的异化　黑格尔哲学是绝对精神的自我异化和复归的客观唯心主义体系，即绝对精神—外化为自然界—复归绝对精神。在黑格尔那里，异化等于外化，异化是绝对精神的异化。

费尔巴哈的异化 是人从宗教的异化状态向感性存在的人的复归，即：人—宗教的异化、人低于神，人被神、宗教奴役—感性存在的人的复归。费尔巴哈是在批判宗教的意义上使用"异化"概念。

马克思、黑格尔、费尔巴哈异化概念比较表

马克思的异化	黑格尔的异化	费尔巴哈的异化
劳动异化 资本主义条件下工人的异化劳动	外化 异化等于外化 绝对精神—外化为自然界—复归绝对精神	宗教异化 人—宗教异化—感性存在、自然属性人的复归

异化劳动 异化不是马克思的首创，"异化劳动"是马克思的首创。马克思的异化是劳动异化，是工人在资本主义条件下现实的劳动异化。

马克思指出，在资本主义条件下，工人的劳动不是作为人的劳动。这里马克思有一个假设，假设人的劳动应该是什么样的。马克思认为人的劳动应该是人的第一需要，人的劳动应该是人的自由、自觉的活动。人不同于动物，人要劳动，在劳动中释放自己的体力、脑力，实现自己的价值，确证自己，实现自身的创造性。劳动是愉快的，是人的需要。而在资本主义条件下，工人的劳动不是这样的，所以马克思说资本主义条件下工人的劳动不是人的劳动，是异化劳动。异化劳动的提出为马克思的研究开辟了崭新的方向。

马克思在第一手稿里，按传统经济学（国民经济学）的概念：工资、利润、地租来分析，但不久马克思就抛弃了这三大概念的分析，开始讲异化劳动。

马克思把异化劳动当成当前资本主义社会存在的事实，详细的分析了异化劳动。马克思认为资本主义条件下，工人的劳动之所以是异化劳动，有以下四种表现。

二、异化劳动的四大规定性（异化劳动的四种表现）

【原文（马克思《手稿》中有关"异化劳动"部分节选）】

工人降低为商品，而且降低为最贱的商品……我们且从当前的经济事实出发，工人生产的财富越多，他的产品的力量和数量越大，他就越贫穷。工人创造的商品越多，他就越变成廉价的商品。物的世界的增值同人的世界的贬值成正比。……

这一事实无非是表明：劳动所生产的对象，即劳动的产品，作为一种异己的存在物，作为不依赖于生产者的力量，同劳动相对立。劳动的产品是固定在某个对象中的、物化的劳动，这就是劳动的对象化。劳动的现实化就是劳动的对象化。在国民经济学假定的状况中，劳动的这种现实化表现为工人的非现实化对象化表现为对象的丧失和被对象奴役，占有表现为异化、外化。

劳动的现实化竟如此表现为非现实化，以致工人非现实化到饿死的地步。对象化竟如此表现为对象的丧失，以致工人被剥夺了最必要的对象——不仅是生活的必要对象，而且是劳动的必要对象。甚至连劳动本身也成为工人只有通过最大的努力和极不规则的中断才能加以占有的对象。对对象的占有竟如此表现为异化，以致工人生产的对象越多，他能够占有的对象就越少，而且越受自己的产品即资本的统治。

这一切后果包含在这样一个规定中：工人对自己的劳动的产品的关系就是对一个异己的对象的关系。因为根据这个前提，很明显，工人在劳动中耗费的力量越多，他亲手创造出来反对自身的、异己的对象世界的力量就越强大，他自身、他的内部世界就越贫乏，归他所有的东西就越少。……工人把自己的生命投入对象；但现在这个生命已不再属于他而属于对象了。因此，这种活动越多，工人就越丧失对象。凡是成为他的劳动的产品的东西，就不再是他自身的东西。因此，这个产品越多，他自身的东西就越少。工人在他的产品中的外化，不仅意味着他的劳动成为对象，成为外部的存在，而且意味着他的劳动作为一种与他相异的东西不依赖于他而在他之外存在，并成为同他对立的独立力量；意味着他给予对象的生命是作为敌对的和相异的东西同他相对立。

〔XXIII〕现在让我们来更详细地考察一下对象化，工人的生产，并且考察对象即工人产品在对象化中的异化、丧失。……

因此，工人越是通过自己的劳动占有外部世界、感性自然界，他就越是在两个方面失去生活资料：第一，感性的外部世界越来越不成为属于他的劳动的对象，不成为他的劳动的生活资料；第二，感性的外部世界越来越不给他提供直接意义的生活资料，即维持工人的肉体生存的手段。

因此，工人在这两方面成为自己的对象的奴隶：首先，他得到劳动的对象，也就是得到工作；其次，他得到生存资料。因此，他首先是作为工人，其次是作为肉体的主体，才能够生存。这种奴隶状态的顶点就是：他只有作为工人才能维持自己作为肉体的主体，并且只有作为肉体的主体才（能）是工人。

（按照国民经济学的规律，工人在他的对象中的异化表现在：工人生产得越多，他能够消费的越少；他创造价值越多，他自己越没有价值、越低贱；工人的产品越完美，工人自己越畸形；工人创造的对象越文明，工人自己越野蛮；劳动越有力量，工人越无力；劳动越机巧，工人越愚笨，越成为自然界的奴隶。）

国民经济学由于不考察工人（劳动）同产品的直接关系而掩盖劳动本质的异化。当然，劳动为富人生产了奇迹般的东西，但是为工人生产了赤贫。劳动生产了宫殿，但是给工人生产了棚舍。劳动生产了美，但是使工人变成畸形。劳动用机器代替了手工劳动，但是使一部分工人回到野蛮的劳动，并使另一部分工人变成机器。劳动生产了智慧，但是给工人生产了愚钝和痴呆。

劳动对它的产品的直接关系，是工人对他的生产的对象的关系。有产者对生产对象和生产本身的关系，不过是这前一种关系的结果，而且证实了这一点。对问题的这另一个方面我们将在后面加以考察。因此，当我们问劳动的本质关系是什么的时候，我们问的是工人对生产的关系。

以上我们只是从一个方面，就是从工人对他的劳动产品的关系这个方面，考察了工人的异化、外化。但是，异化不仅表现在结果上，而且表现在生产行为中，表现在生产活动本身中。如果工人不是在生产行为本身中使自身异化，那么工人活动的产品怎么会作为相异的东西同工人对立呢？产品不过是活动、生产的总结。因此，如果劳动的产品是外化，那么生产本身必然是能动的外化，活动的外化，外化的活动。在劳动对象的异化中不过总结了劳动活动本身的异化、外化。

那么，劳动的外化表现在什么地方呢？

首先，劳动对工人来说是外在的东西，也就是说，不属于他的本质；因此，他在自己的劳动中不是肯定自己，而是否定自己，不是感到幸福，而是感到不幸，不是自由地发挥自己的体力和智力，而是使自己的肉体受折磨、精神遭摧残。因此，工人只有在劳动之外才感到自在，而在劳动中则感到不自在，他在不劳动时觉得舒畅，而在劳动时就觉得不舒畅。因此，他的劳动不是自愿的劳动，而是被迫的强制劳动。因此，这种劳动不是满足一种需要，而只是满足劳动以外的那些需要的一种手段。劳动的异己性完全表现在：只要肉体的强制或其他强制一停止，人们会像逃避瘟疫那样逃避劳动。外在的劳动，人在其中使自己外化的劳动，是一种自我牺牲、自我折磨的劳动。最后，对工人来说，劳动的外在性表现在：这种劳动不是他自己的，而是别人的；劳动不属于他；他在劳动中也不属于他自己，而是属于别人。……同样，工人的活动也不是他的自主活动。他的活动属于别人，这种活动是他自身的丧失。

因此，结果是，人（工人）只有在运用自己的动物机能吃、喝、生殖，至多还有居住、修饰等等——的时候，才觉得自己在自由活动，而在运用人的机能时，觉得自己只不过是动物。动物的东西成为人的东西，而人的东西成为动物的东西。

吃、喝、生殖等等，固然也是真正的人的机能。但是，如果加以抽象，使这些机能脱离人的其他活动领域并成为最后的和惟一的终极目的，那它们就是动物的机能。

我们从两个方面考察了实践的人的活动即劳动的异化行为。第一，工人对劳动产品这个异己的、统治着他的对象的关系。这种关系同时也是工人对感性的外部世界、对自然对象——异己的与他敌对的世界——的关系。第二，在劳动过程中劳动对生产行为的关系。这种关系是工人对他自己的活动——一种异己的、不属于他的活动——的关系。在这里，活动是受动；力量是无力；生殖是去势；工人自己的体力和智力，他个人的生命——因为，生命如果不是活动，又是什么呢？——是不依赖于他、不属于他、转过来反对他自身的活动。这是自我异化，而上面所谈的是物的异化。

〔XXIV〕我们现在还要根据在此以前考察的异化劳动的两个规定推出它的第三个规定。

人是类存在物，不仅因为人在实践上和理论上都把类——他自身的类以及其他物的类——当作自己的对象；而且因为——这只是同一种事物的另一种说法——人把自身当作现有的、有生命的类来对待，因为人把自身当作普遍的因而也是自由的存在物来对待。

无论是在人那里还是在动物那里，类生活从肉体方面来说就在于人（和动物一样）靠无机界生活，……

异化劳动，由于（1）使自然界，（2）使人本身，使他自己的活动机能，使他的生命活动同人相异化，也就使类同人相异化；对人来说，它把类生活变成维持个人生活的手段。第一，它使类生活和个人生活异化；第二，把抽象形式的个人生活变成同样是抽象形式和异化形式的类生活的目的。

因为，首先，劳动这种生命活动、这种生产生活本身对人来说不过是满足一种需要即维持肉体生存的需要的一种手段。而生产生活就是类生活。这是产生生命的生活。一个种的整体特性、种的类特性就在于生命活动的性质，而自由的有意识的活动恰恰就是人的类特性。生活本身仅仅表现为生活的手段。

……有意识的生命活动把人同动物的生命活动直接区别开来。正是由于这一点，人才是类存在物。或者说，正因为人是类存在物，他才是有意识的存在物，就是说，他自己的生活对他来说是对象。仅仅由于这一点，他的活动才是自由的活动。异化劳动把这种关系颠倒过来，以致人正因为是有意识的存在物，才把自己的生命活动，自己的本质变成仅仅维持自己生存的手段。

通过实践创造对象世界，改造无机界，人证明自己是有意识的类存在物，就是说是这样一种存在物，它把类看作自己的本质，或者说把自身看作类存在物。……

因此，正是在改造对象世界中，人才真正地证明自己是类存在物。这种生产是人的能动的类生活。通过这种生产，自然界才表现为他的作品和他的现实。因此，劳动的对象是人的类生活的对象化：人不仅像在意识中那样在精神上使自己二重化，而且能动地、现实地使自己二重化，从而在他所创造的世界中直观自身。因此，异化劳动从人那里夺去了他的生产的对象，也就从人那里夺去了他的类生活，即他的现实的类对象性，把人对动物所具有的优点变成缺点，因为从人那里夺走了他的无机的身体即自然界。

同样，异化劳动把自主活动、自由活动贬低为手段，也就把人的类生活变成维持人的肉体生存的手段。

因此，人具有的关于自己的类的意识，由于异化而改变，以致类生活对他来说竟成了手段。

这样一来，异化劳动导致：

（3）人的类本质——无论是自然界，还是人的精神的类能力——变成对人来说是异己的本质，变成维持他的个人生存的手段。异化劳动使人自己的身体，同样使在他之外的自然界，使他的精神本质，他的人的本质同人相异化。

（4）人同自己的劳动产品、自己的生命活动、自己的类本质相异化的直接结果就是人同人相异化。当人同自身相对立的时候，他也同他人相对立。凡是适用于人对自己的劳动、对自己的劳动产品和对自身的关系的东西，也都适用于人对他人、对他人的劳动和劳动对象的关系。

总之，人的类本质同人相异化这一命题，说的是一个人同他人相异化，以及他们中的每个人都同人的本质相异化。

人的异化，一般地说，人对自身的任何关系，只有通过人对他人的关系才得到实现和表现。

因此，在异化劳动的条件下，每个人都按照他自己作为工人所具有的那种尺度和关系来观察他人。

〔XXV〕我们的出发点是经济事实即工人及其产品的异化。

我们表述了这一事实的概念：异化的、外化的劳动。我们分析了这一概念，因而我们只是分析了一个经济事实。

现在让我们看一看，应该怎样在现实中去说明和表述异化的、外化的劳动这一概念。

如果劳动产品对我来说是异己的，是作为异己的力量面对着我，那么它到底属于谁呢？

如果我自己的活动不属于我，而是一种异己的活动、一种被迫的活动，那么它到底属于谁呢？

属于另一个有别于我的存在物。

这个存在物是谁呢？

……

劳动和劳动产品所归属的那个异己的存在物，劳动为之服务和劳动产品供其享受的那个存在物，只能是人自身。

如果劳动产品不属于工人，并作为一种异己的力量同工人相对立，那么这只能是由于产品属于工人之外的他人。如果工人的活动对他本身来说是一种痛苦，那么这种活动就必然给他人带来享受和生活乐趣。不是神也不是自然界，只有人自身才能成为统治人的异己力量。

还必须注意上面提到的这个命题：人对自身的关系只有通过他对他人的关系，才成为对他来说是对象性的、现实的关系。因此，如果人对自己的劳动产品即对象化劳动的关系，就是对一个异己的、敌对的、强有力的、不依赖于他的对象的关系，那么他对这一对象所以发生这种关系就在于有另一个异己的、敌对的、强有力的、不依赖于他的人是这一对象的主人。如果人把他自己的活动看作一种不自由的活动，那么他是把这种活动看作替他人服务的受他人支配的、处于他人的强迫和压制之下的活动。

人同自身和自然界的任何自我异化，都表现在他使自身和自然界跟另一些与他不同的人所发生的关系上。……在实践的、现实的世界中，自我异化只有通过对他人的实践的、现实的关系才能表现出来。异化借以实现的手段本身就是实践的。因此，通过异化劳动，人不仅生产出他对作为异己的、敌对道德的力量①的生产对象和生产行为的关系，而且还生产出他人对他的生产和他的产品的关系，以及他对这些他人的关系。正像他把他自己的生产变成自己的非现实化，变成对自己的惩罚一样，正像他丧失掉自己的产品并使它变成不属于他的产品一样，他也生产出不生产的人对生产和产品的支配。正像他使他自己的活动同自身相异化一样，他也使与他相异的人占有非自身的活动。

到目前为止，我们只是从工人方面考察了这一关系；下面我们还要从非工人方面来加以考察。

总之，通过异化的、外化的劳动，工人生产出一个对劳动生疏的、站在劳动之外的人对这个劳动的关系。工人对劳动的关系，生产出资本家——或者不管人们给劳动的主人起个什么别的名字——对这个劳动的关系。

异化劳动的四大规定性（四种表现）

（1）工人和自己的劳动产品相异化 工人的劳动产品不归工人占有，对象化表现为对象的丧失和被对象奴役。工人把生命投入到对象中去，这个生命被异化，不属于工人了。产品生产越多，异己的力量越大，工人受的剥削越重，归工人的东西越少。劳动产品对工人来说是异己的力量，来剥削工人。生产商品越多，工人自身越变成廉价的商品，物增值，人贬值。劳动产品——劳动的对象作为异己的力量与劳动者相对立，工人与劳动产品的关系是工人与异己的劳动对象的关系。

在《手稿》中，马克思注意把异化与对象化区分开来。在黑格尔那里异化与对象化是不分的。对象化的劳动是指，劳动创造产品，产品是固定到对象中物化的劳动，是劳动的实现。对象化的劳动是任何社会都如此的。比如，木匠制作家具，木匠就把自己的智慧、自己的劳动物化到家具中去了，家具做得好证明你是一个好木匠，反之，你是一个蹩脚的木匠。木匠通过对象化的劳动证明自己的内在本质。同样，老师文章写得好，课讲得好，就是一个好老师，是专家、是学者、是大师，反之，你只是一个教书匠。上面这些叫对象化。而在资本主义社会，劳动的对象化同时也是异化，异化表现为对象的丧失和被对象奴役。马克思认为异化是一个历史现象，并不是永恒存在的。马克思要克服异化、消灭异化。

（2）工人和自己的劳动活动相异化 这是讲工人和生产活动的关

系。异化不仅表现在结果上，而且表现在活动中。劳动产品的异化，必然导致劳动活动的异化。在《手稿》中马克思讲，劳动活动对工人来说是外在的东西，不属于他的本质的东西，工人在劳动中不是肯定自己，而是否定自己；不是幸福，而是感到不幸；不是自由的发挥自己的肉体力量和精神力量，而是肉体的折磨、精神的摧残。劳动不舒畅，不自在，工人的劳动不是自愿的，而是被迫、强制、自我折磨，不强迫时工人就会像逃避瘟疫一样逃避劳动。因为劳动不属于他，他在劳动中也不属于自己，而属于别人。这种活动是他自身的丧失。结果出现这样的现象：人在实现自己动物机能——食欲、性欲时是幸福的、自由的人，是自己；在劳动、实现人的类本质、成为人时，感觉是动物、是当牛做马，即："动物的东西成为人的东西，人的东西成为动物的东西。"

（3）**人的类本质与人相异化**　异化劳动把人的类生活——劳动变成维持个人生活的手段，使类生活异化于个人生活。在这里，逻辑顺序是：马克思由异化讲到劳动异化，由劳动异化讲到没有异化的劳动应该是什么样的劳动，讲到人的类本质，即：异化劳动→劳动→类本质。

在资本主义社会，异化劳动夺去了劳动产品，劳动活动是对工人肉体折磨、精神摧残，也就夺去了工人的类生活，即工人的异化劳动失去了工人作为人的类本质、类生活——自由、自觉的活动。类生活没有了，仅仅成为维持个人生存的手段，人的类本质变成了异己的本质，人的类本质与人相异化。

（4）**人与人相异化**　这是从前三个规定得出必然的结论。人的劳动是异己的，正因为他是属于别人的。正是由于工人的劳动生产出与劳动格格不入的、站在劳动之外的人——资本家与劳动的关系。工人劳动生产出不劳动的资本家，这就即造成了人与自身相对立的同时，人——工人也同他人——资本家相对立。工人的劳动产品、劳动活动不属于自己，那它就属于别人，属于不劳动的资本家阶级，劳动的工人受不劳动的资本家的奴役、剥削、压迫。

异化劳动四大规定性图表

(1) 工人和自己的劳动产品相异化	(2) 工人和自己的劳动活动相异化	(3) 人的类本质与人相异化	(4) 人与人相异化
工人的劳动产品不归工人所有，对象化表现为对象的丧失和被对象奴役。	劳动活动对工人来说是外在的东西，不属于他的本质的东西，工人在劳动中不是肯定自己，而是否定自己；不是感到幸福，而是感到不幸；不是自由发挥自己的肉体力量和精神力量，而是肉体的折磨和精神的摧残。	人的类本质、类生活——自由、自觉的活动、劳动。异化劳动把人的类生活——劳动仅仅变成维持个人生活的手段。	工人的劳动产品、劳动活动不属于自己，那它就属于别人，属于不劳动的资本家阶级。劳动的工人受不劳动的资本家的奴役、剥削、压迫。

三、异化劳动与私有财产

【原文（马克思《手稿》中有关"异化劳动与私有财产的关系"部分节选）】

私有财产是外化劳动即工人对自然界和对自身的外在关系的产物、结果和必然后果。

因此，我们通过分析，从外化劳动这一概念，即从外化的人、异化劳动、异化的生命、异化的人这一概念得出私有财产这一概念。

诚然，我们从国民经济学得到作为私有财产运动之结果的外化劳动

（外化的生命）这一概念。但是，对这一概念的分析表明，尽管私有财产表现为外化劳动的根据和原因，但确切地说，它是外化劳动的后果，正像神原先不是人类理智迷误的原因，而是人类理智迷误的结果一样。后来，这种关系就变成相互作用的关系。

私有财产只有发展到最后的、最高的阶段，它的这个秘密才重新暴露出来，就是说，私有财产一方面是外化劳动的产物，另一方面又是劳动借以外化的手段，是这一外化的实现。

这些论述使至今没有解决的各种矛盾立刻得到阐明。

（1）国民经济学虽然从劳动是生产的真正灵魂这一点出发，但是它没有给劳动提供任何东西，而是给私有财产提供了一切。蒲鲁东从这个矛盾得出了有利于劳动而不利于私有财产的结论。然而，我们看到，这个表面的矛盾是异化劳动同自身的矛盾，而国民经济学只不过表述了异化劳动的规律罢了。

因此，我们也看到，工资和私有财产是同一的，因为用劳动产品、劳动对象来偿付劳动本身的工资，不过是劳动异化的必然后果，因为在工资中，劳动并不表现为目的本身，而表现为工资的奴仆。下面我们要详细说明这个问题，现在还只是作出几点〔XXVI〕结论。

工资是异化劳动的直接结果，而异化劳动是私有财产的直接原因。因此，随着一方衰亡，另一方也必然衰亡。

（2）从异化劳动对私有财产的关系可以进一步得出这样的结论：社会从私有财产等等解放出来、从奴役制解放出来，是通过工人解放这种政治形式来表现的，这并不是因为这里涉及的仅仅是工人的解放，而是因为工人的解放还包含普遍的人的解放；其所以如此，是因为整个的人类奴役制就包含在工人对生产的关系中，而一切奴役关系只不过是这种关系的变形和后果罢了。

正如我们通过分析从异化的、外化的劳动的概念得出私有财产的概念一样，我们也可以借助这两个因素来阐明国民经济学的一切范畴，而且我们将重新发现，每一个范畴，例如买卖、竞争、资本、货币，不过是这两个基本因素的特定的、展开了的表现而已。

但是，在考察这些范畴的形成以前，我们还打算解决两个任务：

（1）从私有财产对真正人的和社会的财产的关系来规定作为异化劳动的结果的私有财产的普遍本质。

（2）我们已经承认劳动的异化、劳动的外化这个事实，并对这一事实进行了分析。现在要问，人怎么使他的劳动外化、异化？这种异化又怎么以人的发展的本质为根据？我们把私有财产的起源问题变为外化劳动对人类发展进程的关系问题，就已经为解决这一任务得到了许多东西。因为人们谈到私有财产时，认为他们谈的是人之外的东西。而人们谈到劳动时，则认为是直接谈到人本身。问题的这种新的提法本身就已包含问题的解决。

补入（1）私有财产的普遍本质以及私有财产对真正人的财产的关系。

在这里外化劳动分解为两个组成部分，它们互相制约，或者说，它们只是同一种关系的不同表现，占有表现为异化、外化，而外化表现为占有，异化表现为真正得到公民权。

我们已经考察了一个方面，考察了外化劳动对工人本身的关系，也就是说，考察了外化劳动对自身的关系。我们发现，这一关系的产物或必然结果是非工人对工人和劳动的财产关系。私有财产作为外化劳动的物质的、概括的表现，包含着这两种关系：工人对劳动、对自己的劳动产品和对非工人的关系，以及非工人对工人和工人的劳动产品的关系。

异化劳动与私有财产 在《手稿》中马克思说，私有财产是异化劳动的感性表现，二者相互作用，"异化劳动比私有财产更根本"，私有财产是外化劳动的结果，正像神不是理性迷雾的原因，而是理性迷雾的结果。工资是异化劳动的直接结果，异化是私有财产的直接原因，一方衰亡，另一方也必然衰亡。

应该指出，马克思在《手稿》时期关于异化劳动和私有财产的关系的认识与马克思后来的认识（我们今天的正确认识）正好相反。我们认为，私有制是异化劳动的原因，而不是相反。因为有了私有制，占有生产资料的资本家就可能占有没有生产资料的工人劳动，工人的劳动就会成为异化劳动，成为异己的力量。

第二节 异化劳动理论的意义和缺陷

异化概念是《手稿》中的核心概念，异化劳动思想是《手稿》的核心思想，所以，对马克思异化劳动理论的评价，也可以是对手稿的评价。

一、一个价值、伦理、人道主义的概念

异化概念是《手稿》的核心概念。《手稿》中的异化概念，还只是一个评价性的、价值的、伦理的、人道主义概念，它所表达还只是社会历史"应当"是什么样的，还没有表达历史"现实"地"是什么样"，或必然"是什么样"的问题，还没有历史必然性原则。所谓"异化"就是从人来说"不应当"。异化评价的结果是"应当性"，而不是现实性、历史性。

马克思认为，异化劳动违背人的类本质，工人的异化劳动使工人失去他的类本质，处于非人状态，所以，异化劳动违背人性、不道德、不人道，由此看出，马克思关注人的幸福问题，关注资本主义条件下工人的不幸和痛苦，《手稿》以人为中心、为主题，《手稿》从人道主义角度批判资本主义制度，论述共产主义，所以《手稿》是一部人道主义

著作。

异化概念是一个价值、伦理的概念，具有社会评价意义。它的前提是假定一个终极的、永恒的、绝对的、价值的好、伦理的善的尺度，用以评价社会历史，这个尺度就是人道的尺度。

在《手稿》中，异化概念是一个中心概念。《手稿》的整体思想是通过异化概念得到说明的。因此，《手稿》时期马克思还没有完全摆脱旧哲学抽象的人本主义的性质。在西方文化中，历来就有人道主义传统，古希腊罗马时期的普罗泰格拉就有"人是万物的尺度"的论述；中世纪，宗教统治一切，宗教异化人，人是神的奴仆、婢女；到了现代，尼采说，"上帝死了"，从此，"人"取代了"上帝"的位置。费尔巴哈批判宗教对人的异化，要求恢复人的自然属性，认为人的自然属性——饮食、男女是与生俱来、天然合的，因而是必须尊重和满足的；马克思的《手稿》延续了西方的人道主义传统。

但如果只有人道尺度，没有历史尺度、历史性原则，评价社会是有严重缺陷、没有说服力的。因为一个不人道的社会，若是历史发展的一个必经阶段，它的存在符合历史必然性，它就有其存在的合理性和价值，如奴隶社会。奴隶社会比资本主义社会还残酷，是吃人的奴隶社会，用人道尺度评价它，它是万恶的，一无是处的，但用历史尺度评价，它又是人类社会的必经阶段，恩格斯又盛赞它。所以，要批资本主义社会，只说资本主义制度不人道不够，还要谈资本主义社会的内在的、不可克服的矛盾，违背社会规律、违背社会历史必然性，资本主义生产关系严重阻碍了生产力发展，所以资本主义必然灭亡，共产主义必然胜利。所以评价社会、历史、人物都应该同时具有两个尺度：一是人道的尺度，一是历史规律尺度。

但是，值得注意的是，《手稿》中的价值的、人道主义的原则，也应当成为观察历史和人的基本原则之一（现行教科书缺少这一原则，只讲社会规律原则）。历史发展的必然性和必要性、实然性和应然性、历史的尺度和人道的尺度是内在统一的。《手稿》尽管是抽象的，但也为我们提供了一个方面。评价社会历史要实现人道尺度和历史尺度两个尺度的统一，不可缺少一个尺度。

二、批判改造国民经济学的哲学基础

异化劳动理论是马克思的发现，借助此概念，马克思把对资本主义经济事实的批判上升到哲学的高度，这个发现成为他批判改造国民经济学（旧经济学）的哲学基础。

马克思用异化劳动、私有财产这两个概念批判资本主义制度，而异化劳动、私有财产是政治经济学概念，也是哲学概念。传统经济学（国民经济学）分析工资、利润、地租，马克思抛弃国民经济学的概念分析，用异化劳动违背人性、使工人失去类本质，分析资本主义经济事实，批判资本主义制度，开辟了一条经济学研究的新思路。

三、无产阶级革命的人道主义依据

马克思通过异化劳动的分析，找到了无产阶级变革现实的基础——人道主义依据。无产阶级为什么要起来革命？因为在资本主义社会，异化劳动夺去了劳动产品，劳动活动是对工人肉体折磨、精神摧残，夺去了工人的类生活，工人的异化劳动失去了类本质，工人、无产阶级只有起来革命，才能改变这种非人的生活、地位。资本主义社会不人道、没人性，所以要消灭这一制度。显然，马克思《手稿》时期找到的无产阶级变革现实的基础与后来《德意志意识形态》时期找到的无产阶级变革现实的基础是不同的，《德意志意识形态》时期，马克思发现了社会历史发展规律，指出了资本主义社会的基本矛盾，揭示了资本主义必然灭亡的历史必然性，因而把无产阶级革命建立在社会历史必然性基础之上。

四、找到马克思新哲学的出发点

《手稿》中，马克思找到他新哲学的出发点——劳动（实践）。马克思从劳动出发，讲自然界、讲人、讲人与自然的关系、讲人类社会，劳动（实践）成为他新哲学的出发点，为唯物史观的形成奠定了基础，也标志着马克思新的哲学思维方式开始形成。

由异化劳动，马克思讲到劳动。异化劳动 → 劳动 → 劳动与人的关系（劳动生成人的类本质） → 类本质，这是《手稿》中马克思的思路。

马克思对劳动的定义有几处：劳动是人的自为的生成；劳动是人的生命活动，是人的生产、生活；人成为什么是由劳动这一活动决定的，人的本质不是前定的，人是对象化的存在物；人造成一个外在存在物来体现人的本质，人的本质体现在劳动中，通过实践创造对象世界，把人的本质对象化，通过实践体现人的类本质，体现人与动物的不同；劳动确证人，在劳动中人被证实了。

新思维方式是从劳动、实践入手研究人，自由、自觉的活动、劳动是人的类生活、类本质、类特性；从劳动、实践入手研究自然界，自然界既是构成人类生存基础和知识内容的对象世界，又是人发挥能动性的意义世界和满足人需要的价值世界，即自然界是属人世界、意义世界、价值世界的统一；从劳动、实践入手研究人与自然界的关系，自然界则是人的无机身体，精神的无机界，自然界是人的作品、人的现实，自然界的历史同时就是人类社会发展的历史。

劳动（实践）成为马克思阐发一切哲学问题的出发点，马克思从劳动（实践）入手，创立了自己的新哲学。

五、《手稿》中概念的抽象性

有人说，《手稿》立足劳动、实践，《手稿》讲人时也讲到社会关系，就认为它成熟了，这实际上是用后来马克思的成熟思想去解释《手稿》。手稿中的劳动、实践、人、社会、社会关系概念同后来在《德意志意识形态》中的这些概念是不同的。手稿中讲得"劳动"、"实践"、"人"、"社会"、"社会关系"都还是一些抽象的概念。《手稿》所讲的"实践"等同于"劳动"，"实践"概念和"劳动"概念混用，在《手稿》中，劳动与实践是不分的，一会儿劳动，一会儿实践；《手稿》中的劳动不是现实人一定社会历史条件下，一定生产关系下具体的劳动，而是理想性的、抽象的"自由、自觉的活动"；《手稿》中的"人"是只具有抽象类本质的人，而不是活生生的、现实的人；《手稿》中的"社会"是"社会一般"，因为《手稿》中还没有历史性社会规律思想；《手稿》中理解的"社会关系"是马克思后来批判的"自然关系"。

第四章
《手稿》中人的类本质理论

【原文（马克思《手稿》中有关"人的类本质"部分节选)】

人是类存在物，不仅因为人在实践上和理论上都把类——他自身的类以及其他物的类——当作自己的对象；而且因为——这只是同一种事物的另一种说法——人把自身当作现有的、有生命的类来对待，因为人把自身当作普遍的因而也是自由的存在物来对待。

无论是在人那里还是在动物那里，类生活从肉体方面来说就在于人（和动物一样）靠无机界生活，而人和动物相比越有普遍性，人赖以生活的无机界的范围就越广阔。……

异化劳动，由于（1）使自然界，（2）使人本身，使他自己的活动机能，使他的生命活动同人相异化，也就使类同人相异化；对人来说，它把类生活变成维持个人生活的手段。第一，它使类生活和个人生活异化；第二，把抽象形式的个人生活变成同样是抽象形式和异化形式的类生活的目的。

因为，首先，劳动这种生命活动、这种生产生活本身对人来说不过是满足一种需要即维持肉体生存的需要的一种手段。而生产生活就是类生活。这是产生生命的生活。一个种的整体特性、种的类特性就在于生命活动的性质，而自由的有意识的活动恰恰就是人的类特性。生活本身仅仅表现为生活的手段。

动物和自己的生命活动是直接同一的。动物不把自己同自己的生命活动区别开来。它就是自己的生命活动。人则使自己的生命活动本身变成自己意志的和自己意识的对象。他具有有意识的生命活动。这不是人与之直接融为一体的那种规定性。有意识的生命活动把人同动物的生命活动直接区别开来。正是由于这一点，人才是类存在物。或者说，正因为人是类存在物，他才是有意识的存在物，就是说，他自己的生活对他来说是对象。仅仅由于这一点，他的活动才是自由的活动。异化劳动把这种关系颠倒过来，以致人正因为是有意识的存在物，才把自己的生命活动，自己的本质变成仅仅维持自己生存的手段。

通过实践创造对象世界，改造无机界，人证明自己是有意识的类存在物，就是说是这样一种存在物，它把类看作自己的本质，或者说把自身看作类存在物。诚然，动物也生产。它为自己营造巢穴或住所，如蜜蜂、海狸、蚂蚁等。但是，动物只生产它自己或它的幼仔所直接需要的东西；动物的生产是片面的，而人的生产是全面的；动物只是在直接的肉体需要的支配下生产，而人甚至不受肉体需要的影响也进行生产，并且只有不受这种需要的影响才进行真正的生产；动物只生产自身，而人再生产整个自然界；动物的产品直接属于它的肉体，而人则自由地面对自己的产品。动物只是按照它所属的那个种的尺度和需要来构造，而人懂得按照任何一个种的尺度来进行生产，并且懂得处处都把内在的尺度运用于对象；因此，人也按照美的规律来构造。

因此，正是在改造对象世界中，人才真正地证明自己是类存在物。这种生产是人的能动的类生活。通过这种生产，自然界才表现为他的作品和他的现实。因此，劳动的对象是人的类生活的对象化：人不仅像在意识中那样在精神上使自己二重化，而且能动地、现实地使自己二重化，从而在他所创造的世界中直观自身。因此，异化劳动从人那里夺去了他的生产的对象，也就从人那里夺去了他的类生活，即他的现实的类对象性，把人对动物所具有的优点变成缺点，因为从人那里夺走了他的无机的身体即自然界。

同样，异化劳动把自主活动、自由活动贬低为手段，也就把人的类生活变成维持人的肉体生存的手段。

因此，人具有的关于自己的类的意识，由于异化而改变，以致类生活对他来说竟成了手段。

这样一来，异化劳动导致：

（3）人的类本质——无论是自然界，还是人的精神的类能力——变成对人来说是异己的本质，变成维持他的个人生存的手段。异化劳动使人自己的身体，同样使在他之外的自然界，使他的精神本质，他的人的本质同人相异化。

（4）人同自己的劳动产品、自己的生命活动、自己的类本质相异化的直接结果就是人同人相异化。当人同自身相对立的时候，他也同他人相对立。凡是适用于人对自己的劳动、对自己的劳动产品和对自身的关系的东西，也都适用于人对他人、对他人的劳动和劳动对象的关系。

总之，人的类本质同人相异化这一命题，说的是一个人同他人相异化，以及他们中的每个人都同人的本质相异化。

第一节　人的类本质

马克思从异化劳动谈到真正人的劳动，劳动是人的类本质，由劳动谈到人的类本质。

一、人是"类存在物"

马克思把人看作"类存在物"（马克思对"人"这个"类"的共

性的认识）的四段论述：

"**人是类存在物**。……人无论在实践上还是理论上都把类——既把自己本身的类，也把其他物的类——当作自己的对象……人把自己本身当作现有的、活生生的类来看待。"① 人能把千差万别的个人看成一"类"，把和人最接近的动物看成和人不同的"类"——"动物类"，人具有类意识，能认识人自身的本质，也能认识其他物的本质，并与之发生为我的关系。动物无论如何不能把自己的类作为研究对象。人不仅能按照"**人的尺度**"创造世界，而且能按照"**物的尺度**"创造世界，人还能按照"**美的尺度**"来创造世界。人按照"人的尺度"创造世界，使今天的世界成为人的世界、人性化的、适合人类生存的世界；人按照"物的尺度"创造世界，发明了仿生学，按照蜻蜓飞翔的原理，制造了飞机，实现了人类飞翔的理想；人按照"美的尺度"创造世界，人们发现了对称之美、韵律之美、黄金分割……

人是自由的存在物：人能把自己的类本质当成自己的对象，人还能把任何存在物、任何"类"当成自己的对象，把握它的本质，与其发生为我的关系，因而人是自由的。动物不能把自己的类作为研究对象，也不能研究他物的类，因而，它的活动是本能的、受限的、不自由的。

人是对象性的存在物：人的本质是内在的，人把自身的内在本质对象化为外物，呈现出客观现实性的结果来，通过这个结果确证人的本质，因而，人的本质存在于对象世界之中。这就提供给我们一条思路：从人创造的世界中认识人。对外部对象世界认识得越丰实，对人的本质认识越丰实，因为外部对象世界是人创造的，它体现人的本质，确证人的价值、人的伟力。

人是实践的存在物，人是社会存在物：在人的对象化活动中，人与他人相联系，形成社会关系，所以人是实践的存在物，人是社会存

① 马克思：《1844 年经济学哲学手稿》单行本，人民出版社 1979 年版，第 48 - 49 页。

在物。

二、劳动、实践是人的类本质

劳动、实践是人的类生活、类本质，是产生生命的生活。恩格斯说：劳动创造了人。人的类特性是自由、自觉的活动。人与动物不同，动物的本质是前定的、先天的、与生俱来的，**"动物的生命与它的生活直接统一"**，龙生龙、凤生凤、老鼠生来会打洞，动物是什么生命、什么物种，它就会有什么样的生活。人的本质是后天在共同的劳动、实践、学习、生活中获得的。**"人的生命与他的生活不直接统一"**，同样的生命，同样是人，每个人却有着不同的本质。这一思想到了马克思恩格斯合著的《德意志意识形态》更明确了。《德意志意识形态》中指出："人是什么样的，这同他们的生产是一致的——既和他们生产什么一致，又和他们怎样生产一致。因此，个人是什么样的，这取决于他们进行生产的物质条件。"按照这一思想，用铁锹镰刀生产的就是农民；大机器、流水作业的是现代工人；用粉笔、多媒体讲课决定我教师的本质、特点。

《手稿》的理论形式还带有旧哲学的痕迹、某种"公设"的意味，类本质——劳动，是马克思的理想（应当）假设，而现实没达到，因为从人类产生那天起，一直到马克思那个时代，劳动从来没有像马克思设想的那样，成为人们自由、自觉的活动，劳动是苦难的。

人的类本质是人这个"类"的共性、共同本质。通过类本质能够把"人"这个类与"动物"这个类区别开来。

马克思说，人通过劳动、实践生成为人，改造无机界，创造对象世界；劳动生成人，劳动创造世界。

人以人的本质、需要为对象。世界是人创造的世界，是属人世界，人把自己的本质对象化在世界之中，人的本质在世界之中，所以我们要从人所实际创造的对象世界来了解人，从属人的世界来了解人，对属人世界的各个方向研究得越丰富，对人作为"类的存在物"的能动本质的揭示就越深入。

人的本质有二重性，人有自然性，但不能把人归结为自然性，因为人具有超自然性，人突破了自然的限制，人通过对象化活动创造自然界。人是生命与超生命、自然性与超自然性的统一。

费尔巴哈讲人的类本质，马克思也讲人的类本质，马克思与费尔巴哈的思维方式相同，且一样具有抽象性；但是，马克思与费尔巴哈的类本质有有所不同：费尔巴哈的人的类本质是指人的自然属性、友谊、爱情，马克思人的类本质是指人的自由、自觉的活动、劳动，且费尔巴哈的类本质理论是为了批判宗教的，是要实现从宗教异化人的状态向感性自然人的复归，马克思的类本质理论是为了批判资本主义制度的，是要实现从工人失去类本质的资本主义社会向人的本质复归和对人的本质的真正占有的共产主义社会的迈进。

第二节 人的类本质理论的目的及意义

一、类本质理论的目的

马克思类本质理论的目的是批判资本主义，论述共产主义。

马克思人的类本质理论的思路是

类本质　　　　　　　　　→　类本质异化　　　→　类本质复归

自由自觉的活动、劳动→　劳动异化　　　　→　劳动成为第一需要

理想假设　　　　　　　→　资本主义社会　→　共产主义社会

马克思认为，资本主义社会，异化劳动违背人的类本质——自由、自觉的活动，工人失去他的类本质，当牛做马，处于非人状态，违背人性、不道德、不人道，所以，资本主义制度应该灭亡，共产主义是向人的本质复归和对人的本质的真正占有，所以，要实现共产主义，马克思指出："共产主义是私有财产即人的自我异化的积极扬弃，因而是通过人并且为了人而对人的本质的真正占有。因此，它是人向自身、向社会的（即人的）人的复归，这种复归是完全的、自觉的而且保存了以往发展的全部财富的。这种共产主义，作为完成了的自然主义，等于人道主义，而作为完成了的人道主义，等于自然主义，它是人和自然之间、人和人之间的矛盾的真正解决，是存在和本质、对象化和自我确证、自由和必然、个体和类之间的斗争的真正解决。"《手稿》把资本主义制度的批判和对共产主义的论述建立在人道主义基础之上。

人的类本质理论图表

（1）马克思把人看作"类存在物"	（2）劳动、实践是人的类本质	（3）人的类本质理论的目的是批判资本主义，论述共产主义	（4）人的类本质理论的意义
人是类的存在物；人是自由的存在物；人是对象性的存在物；人是实践的存在物；人是社会存在物。	人的本质是后天在共同的劳动、实践中获得的。人通过劳动、实践生成为人，改造无机界，创造对象世界；劳动生成人，劳动创造世界。	资本主义异化劳动违背人的类本质——自由自觉的活动，工人失去他的类本质，所以，资本主义制度应该灭亡，共产主义是向人的本质复归和对人的本质的真正占有，所以要实现共产主义。	立足劳动实践理解人，有进步性，为把握人的本质特别是人的二重性本质提供理论和方法论基础，为历史唯物主义创立奠定基础。

二、类本质理论的意义

以往讲《手稿》主要看重异化劳动理论，不重视类本质，认为类本质理论只是费尔巴哈哲学的遗迹。这不对，我们的哲学教科书缺少对人的类本质的研究内容，讲人，就讲社会关系、阶级性，对于人的基本共性——人作为"类"的共性——人类的共同本质不讲，甚至完全批判，认为是资产阶级人性论。

人的类本质到底该是什么？费尔巴哈的人的自然属性不对，因为自然属性是人和动物所共有的，以自然属性无法区别人和动物。马克思以、抽象性、理想性的假设定义人的类本质也不行。《辞海》中，人是会制造和使用工具，有语言、会思维的动物，好像也不行，因为我们发现，一些动物也会制造简单的工具。人们骂人说你不是人，是说你不会制造和使用工具，不会说话吗？显然不是。我想，**人的类本质应为是从道德层面、精神信仰层面上定义人，因为这才能区别人和动物。**

马克思立足劳动、实践理解人的类本质，是批判黑格尔、费尔巴哈所取得的成果。西方哲学史上，历来有人道主义传统，关注人。黑格尔把人归于自我意识、绝对精神，是抽象的人性。但黑格尔辩证法中看到了人的创造性、能动性。费尔巴哈抓住自然性的人，但费尔巴哈把人的类本质归结为友谊、爱情，从自然性来说是具体的，从社会性来说又是抽象的。费尔巴哈的类本质以爱情、友谊为根基，并且是不分阶级、社会、历史条件的爱情、友谊，这种爱情、友谊其实是没有社会性的男女感情，即性欲，并且，费尔巴哈没有看到黑格尔讲的人的创造性、能动性。

马克思的类本质从劳动、实践理解人，比黑格尔、费尔巴哈进步，我们也不能完全否定《手稿》在马克思哲学形成中的作用。提出把人的劳动、实践、社会、社会关系引入对人和社会的认识（尽管是抽象的），但同费尔巴哈已经有了一定区别，就为后来的历史唯物主义的产生奠定了基础，是一个新思路。

在《手稿》中，马克思谈到了实践的特征、意义、重要性。马克思揭示实践的基本特征：能动性、创造性；讲了实践的重要性：理论的对立的解决要靠实践，靠现实生活；要消灭私有制思想，有共产主义思想就够了，要消灭私有制，要有行动；整个世界历史不外是人通过人的劳动而诞生的过程。人在劳动中生成、创造的，整个社会历史也是这样。马克思的下一部著作《关于费尔巴哈的的提纲》中"社会生活在本质上是实践的"思想离此很近。

马克思类本质理论为全面、具体地把握人的本质，特别是把握人的二重性本质提供了理论和方法论基础。人的二重性本质是指，人既具有自然属性、生物属性，又具有社会属性。费尔巴哈找到了人的自然属性，马克思找到了劳动、实践，尽管此时马克思理解的劳动、实践具有理想性、抽象性，但是，从劳动入手，离 1845 年春《关于费尔巴哈的的提纲》发现人的社会关系本质就非常接近了。

马克思的人的类本质理论以劳动、实践为出发点，解释人，解释人与自然的关系，解释自然与社会的关系，为历史唯物主义的创立奠定了基础。在《手稿》中，有着丰实的人与自然关系的思想，马克思指出，人与自然既不是两极对立的，又不是未分化的，而是在实践基础上统一的关系。从理论领域来看，自然界是自然科学、艺术的对象，是人精神的无机界，是人的精神食粮；从实践领域来说，自然界是人的生活，人的活动的一部分，是人的无机身体。人与自然界的关系是自然界与其自身的关系，也是人与自身的关系。人通过劳动重新生产自然界、对象世界，通过改造自然界，人与自然界一起发展，人的生命的历史同时也是自然界发展的历史。

马克思提出"人化自然"的思想。原始洪荒的自然界是不符合人的目的的，只有通过改造，才能成为人的自然界。自然界对于动物是直接的自然界，对于人是在历史中生成的自然界，人就是自然界，自然界是人的作品，人的现实，所以自然界也是在人的历史中创生的。人和自然在劳动实践中达到统一。

类本质理论突破了原有思维方式，实现了思维方式的变革，为历史唯物主义创立奠定了基础。《手稿》把人放在中心地位。从实践、劳动出发，实现人与自然统一。揭示了世界历史是人的历史，把社会历史与人结合起来，把社会与自然统一起来，马克思说，历史是自然史的一部分。

第五章
《手稿》中的共产主义理论

    《手稿》中马克思对共产主义的论述是建立在人道主义基础之上的。为了**论述共产主义，马克思阐述了人的类本质理论。**马克思人的类本质是指人的自由、自觉的活动、劳动，而资本主义社会工人失去类本质，异化劳动不是自由、自觉的活动，是当牛做马，处于非人状态。人失去人的本质，就违背人性、不道德、不人道，所以，资本主义制度应该灭亡，共产主义是向人的本质复归和对人的本质的真正占有，所以，要实现共产主义。马克思指出："共产主义是私有财产即人的自我异化的积极扬弃，因而是通过人并且为了人而对人的本质的真正占有。因此，它是人向自身、向社会的（即人的）人的复归，这种复归是完全的、自觉的而且保存了以往发展的全部财富的。这种共产主义，作为完成了的自然主义，等于人道主义，而作为完成了的人道主义，等于自然主义，它是人和自然之间、人和人之间的矛盾的真正解决，是存在和本质、对象化和自我确证、自由和必然、个体和类之间的斗争的真正解决。"《手稿》把资本主义制度的批判和对共产主义的论述建立在人道主义基础之上。

    马克思人的类本质理论以及人类社会发展的思路是：

类本质异化，即劳动异化　　→　类本质复归，即劳动成为第一需要

资本主义社会　　　　　　　→　共产主义社会

《手稿》的基本理论原则是从抽象推导出具体，即是从抽象的劳动异化推导出私有制、从抽象的类本质的异化和复归推导出共产主义，这同后来《德意志意识形态》通过对现实的社会基本矛盾的分析中批判资本主义、论证共产主义的原则是不同的。

【原文（《手稿》有关"共产主义"部分节选）】

共产主义是私有财产即人的自我异化的积极扬弃，因而也是通过人并且为了人而对人的本质的真正占有。因此，它是人向自身、向社会的（即人的）人的复归，这种复归是彻底的、自觉的、保存了以往发展的全部丰富成果的。这种共产主义，作为完成了的自然主义，等于人本主义，而作为完成了的人本主义，等于自然主义；它是人和自然界之间、人和人之间的矛盾的真正解决，是存在和本质、对象化和自我确立、自由和必然、个体和类之间的抗争的真正解决。它是历史之谜的解答，而且它知道它就是这种解答。

……

共产主义是作为否定之否定的肯定，因此它是人的解放和复归的一个现实的、对历史发展次一阶段说来是必然的环节。共产主义是最近将来的必然的形式和能动的原则。

第一节 人道主义基础上的共产主义

异化的问题能不能得到解决，许多人认为，人本身就是一个矛盾性的存在，有人就有异化，这个矛盾只能逐步的解决，但不会真正的解决。但马克思与此观点不同，他持一个乐观主义者的态度。

马克思认为为什么会发生异化的现象呢？从以上的分析中我们可以看出，马克思通过对异化劳动的分析，揭示了整个资本主义生产关系的对抗性质。在异化劳动中，工人生产出与自己利益根本对立的资本家，产生了私有制。可见，异化现象的产生是与社会制度有关，是私人占有制造成的，换句话说，就是所有的人把对财富的这种追求和占有，作为人生的目的，作为人的价值目标。按照这样的结构来推行整个社会的价值构架，最后形成了一种社会结构和机制。在这样的情况下，马克思说是私有制造成了这样一种存在，私有制是整个异化的总根源。要使社会从私有财产中解放出来，只有通过工人解放这种政治形式，"工人的解放包含全人类的解放"。因此，马克思从生产劳动和生产关系的分析中，从阶级利益的根本对立中揭示出共产主义的必然性。

简单的说共产主义的基本特征是，是私有财产即人的自我异化的积极扬弃，因而是通过人并且为了人而对人的本质的真正占有。因此，它是人向自身、向社会的（即人的）人的复归，这种复归是完全的、自觉的而且保存了以往发展的全部财富的。这种共产主义，作为完成了的自然主义，等于人道主义，而作为完成了的人道主义，等于自然主义，它是人和自然界之间、人和人之间的矛盾的真正解决，是存在和本质、对象化和自我确证、自由和必然、个体和类之间的斗争的真正解决。它是历史之谜的解答，而且知道自己就是这种解答。

一、共产主义——人本质异化的扬弃

马克思认为，共产主义是私有制的否定，是私有制发展的必然结果，同时又包含了以往私有制社会创造的全部物质和精神财富，因而是积极的扬弃。马克思的"共产主义"与当时流行的社会主义、共产主义学说是不同的。当时流行的社会主义和共产主义是马克思在前面进行批判的，认为它们没有彻底摆脱私有财产和异化劳动的影响，因而无法对私有财产及其本质形成正确的认识，自然无法寻求解决现实之路，所以都是空想。

马克思说：私有财产是"异化了的、人的生命的物质的、感性的表现。"宗教、家庭、国家、法、道德、科学、艺术等等，都不过是生产的一些特殊的方式，并且受生产的普遍规律的支配。因此，对人的本质的异化的扬弃，也就是彻底消灭私有财产，即消灭私有制。私有财产的积极的扬弃，作为对人的生命的占有，是一切异化的积极的扬弃，从而是人从宗教、家庭、国家等等向自己的人的即社会的存在的复归。

马克思认为，共产主义是对私有财产和自我异化的积极扬弃，含有了辩证的因素。共产主义在扬弃私有财产时，并非像某些空想社会主义者一样全盘否定了私有财产，而是在承认了私有财产积极作用的前提下对其进行批判和继承的。在扬弃自我异化时，对异化劳动的社会形式进行了否定，而对于劳动和财富本身则进行了积极的肯定。因此，要彻底扬弃现实的私有财产，摆脱人的本质的被占有与束缚，必须有现实的共产主义运动。未来社会中更合理的社会形态扬弃的不仅是私有财产，资本主义本身也在自身的范围内不断扬弃自身不合理的生产关系和资本主义的私有制，不断地调整自己，自我不断地更新与创造。因此，扬弃的过程也是资本主义制度不断进行自身扬弃的运动。在当今社会生活高度异化的时代，私有财产的主宰者是在不断改变财产的存在形式，合理地调节私有制自身内在的矛盾。因此，私有财产的积极扬弃也是一个艰辛、漫长的历史过程。

二、共产主义——对人本质的真正占有

马克思认为，共产主义不是一个具体的制度，衡量一个国家的制

度的最好的依据——是不是为了人，是不是把人是本质放在首位。

私有财产表现为人变成了对自己说来是对象的，同时变成了异己的和非人的对象；他的生命表现就是他的生命的外化，他的现实化就是他失去现实性，就是异己的现实。私有财产的积极的扬弃，是为了人并且通过人对人的本质和人的生命，对象性的人和人的产品的感性的占有，不应当仅仅被理解为直接的、片面的享受，不应当仅仅被理解为占有、拥有。人以一种全面的方式，也就是说，作为一个完整的人，占有自己的全面的本质。

私有财产的扬弃，是人的一切感觉和特性的彻底解放。因为感觉和特性无论在主体上还是在客体上都变成人的。别人的感觉和享受也成为了我自己的占有。除了直接的器官以外，还以社会的形式形成社会的器官。因此，人的眼睛和原始的、非人的眼睛得到的享受不同。

只有当对象对人说来成为人的对象或者说对象对人说来成为社会的对象，人本身对自己说来成为社会的存在物，而社会在这个对象中对人说来成为本质的时候，这种情况才是可能的。随着对象性的现实在社会中对人说来到处成为人的本质力量的现实。成为人的观实，因而成为人自己的本质力量的现实，一切对象对他说来也就成为他自身的对象化，成为确证和实现他的个性的对象，成为他的对象，对象则成了他自身。人不仅通过思维，而且以全部感觉在对象世界中肯定自己。

从主体方面来看，只有音乐才能激起人的音乐感；对于没有音乐感的耳朵说来，最美的音乐也毫无意义，不是对象，因为我的对象只能是我的一种本质力量的确证。所以，社会的人的感觉不同于非社会的人的感觉。人的感觉，感觉的人性，都只是由于对象的存在，由于人化的自然界，才产生出来。五官感觉的形成是以往全部世界历史的产物。为了使人的感觉成为人的，为了创造同人的本质和自然界的本质的全部丰富性相适应的人的感觉，无论从理论方面，还是从实践方面来说，人的本质的对象化都是必要的。扬弃异化的社会，创造着具有人的本质的这种全部丰富性的人，创造着具有丰富的、全面而深刻的感觉的人作为这个社会的恒久的现实。

主观主义和客观主义，唯心主义和唯物主义，活动和受动，只有在扬弃异化的社会才失去它们彼此间的对立，并从而失去它们作为这样的对立面而存在，理论的对立本身的解决，只有通过实践方式，只有借助于人的实践力量，才是可能的；因此，这种对立的解决决不只是认识的任务，而是一个现实生活的任务，而哲学未能解决这个任务，正因为哲学把这仅仅看作理论的任务。

共产主义的目标就是向自身向社会人的复归。马克思说："共产主义是私有财产即人的自我异化的积极的扬弃，因而是通过人并且为了人而对人的本质的真正占有，因此，它是人向自身、向社会的（即人的）人的复归，这种复归是完全的，自觉的而且保存了以往发展的全部财富的。这种共产主义，作为完成了的自然主义，等于人道主义，而作为完成了的人道主义，等于自然主义，它是人和自然界之间、人和人之间的矛盾的真正解决，是存在和本质、对象化和自我确证、自由和必然、个体和类之间的斗争的真正解决。它是历史之谜的解答，而且知道自己就是这种解答。"这是当时的马克思关于共产主义形成的一个总概念，也是他的共产主义思想的基本内容。

在私有财产被积极扬弃的前提下，才使人成为真正的人，成为直接体现他的个性的对象如何是他自己为别人的存在，同时是这个别人的存在，而且也是这个别人为他的存在。自然界的人的本质只有对社会的人说来才是存在的，因为只有在社会中，自然界对人说来才是人与人联系的纽带，才是他为别人的存在和别人为他的存在，才是人的现实生活要素，只有在社会中，自然界才是人自己的人的存在的基础。只有在社会中，人的自然的存在对他说来才是他的人的存在，而自然界对他说来才成为人。因此，社会是同自然界的完成了的本质的统一，是自然界的真正复活，是人的实现了的自然主义和自然界的实现了的人道主义。

在共产主义条件下，人是为了人而生产的。为了自己和他人而进行生产，通过互相为了对方的生产而证明自身存在的意义。任何个人的产品作为这个人个性的对象化，既体现了他自己的存在，又体现了别人的存在。在扬弃了私有财产的共产主义生活中，人的本质就是在他们的这种相互生产中形成的，即在社会中形成的。"因此，社会性质是整个运动的普遍性质；正像社会本身生产作为人的人一样，社会也是由人生产的。"这是马克思的重要结论。即人们通过生产劳动，不仅生产劳动产品，而且生产着人本身和社会。人就是社会。所以，社会性才是人的本质。扬弃私有财产就是恢复人的社会本质。在这里，"活动和享受，无论就其内容或就其存在方式来说，都是社会的，是社会的活动和社会的享受。"这就是说，不仅活动和享受的内容实际上都是社会创造的，社会中的人们相互创造的，而且，由于消除了劳动和产品的异化性质，消除了私有制条件下彼此孤立的、隔绝的、敌对的个人行为后，使活动和享受的存在方式也成为社会性的了。要实现向社会的人的复归，必须使个人的生存活动与共同的社会活动统一起来，建立一种同劳动的社会本质相适应的生产方式，这就是共产主义的公有制。

因此，只有扬弃了资本主义私有财产的共产主义，才能实现这种向社会的人的复归。而且这种复归是完全的、自觉的、有继承性和扬弃性的，不是人们原来属性绝对的重复，而是发展、前进的；不是个别的采纳，而是对整个人类历史发展的全部物质的和精神财富的继承。

第二节 共产主义是自然主义与人道主义统一

一、生产力、工业、科学是共产主义创立的条件

共产主义向人自身的一种复归，是完全的、自觉的，而且是保存了以往发展的成果的复归。这是马克思对资本主义和私有制批判的一种最后的结论，因此，马克思所说的资本主义和共产主义不是一种对立的关系，而是递进关系，就是在资本主义的基础上扬弃。在这样的意义上，共产主义就实现了很多的统一：一个是人和自然的统一，自然的性质和人的自然属性之间的统一；还有一个是人道主义和唯物主义的统一、历史和现实的统一、思维和时代的统一。

马克思指出："不难看到，整个革命运动必然在私有财产的运动中，即在经济中，为自己既找到经验的基础，也找到理论的基础"。他特别强调科学和工业的发展对共产主义的关系问题，指出自然科学通过工业日益在实践上进入人的生活，改造人的生活，并为人的解放创造了前提。工业是自然界同人之间，因而也是自然科学同人之间的现实的历史关系。因此，如果把工业看成人的本质力量的公开的展示，那么自然界的人的本质，或者人的自然的本质，就可以理解了。"因此，通过工业——尽管以异化的形式——形成的自然界，是真正的、人类学的自然界"。马克思所谓的"自然"，不是指自在的自然（自然和人没有发生关系那部分），虽然它是存在的，但是没有和人发生关系，就有似于无；而人所谓的"自然"，人关照的自然，人看自然，实际上就是从自然中看人。比如自然原本陌生的那部分，成为人将认识的对象，那么它

对于人的意义来说，我能不能掌握这种自然本身的结构和规律，如果掌握了就说明人的认识能力和对象之间达成了一种匹配的关系。因此，是那个东西确证了人本身的一种力量和创造性。那么马克思所说的唯物主义，是和人结合在一起的，人道主义和唯物主义合一的，思维和存在的统一、理论和实践的统一，这是马克思的哲学。可见，马克思的解释不仅与平均共产主义和无政府共产主义有区别，而且提出了人类与自然界的平衡问题，而这正是新马克思主义者所论证的一个新课题。

因此，马克思认为的共产主义不是倒退到原始状态中去而是建立在以实验科学和大工业的物质基础和人类文明的基础之上的，而是一种人类自身辩证运动的发展。而且，异化不仅仅是消极的、否定的，而且也是人类发展的必经而不可逾越的阶段，从而在私有制基础上和异化形式中得到高度发展的生产力、工业和科学为共产主义创立了物质和精神的条件。

二、共产主义是历史之谜的解答

马克思还指出，共产主义是迄今为止存在的人和自然界之间、人和人之间等等矛盾的真正解决，是历史之谜的解答。共产主义"是人和自然之间、人和人之间的矛盾的真正解决，是存在和本质、对象化和自我确证、自由和必然，个体和类之间的斗争的真正解决。它是历史之谜的解答，而且知道自己就是这种解答。"马克思在这里的"历史之谜"是指，上述种种的矛盾关系，按其本性说是本该是和谐统一的。只是由于私有制和异化劳动破坏了这种和谐统一。所以马克思当时是把上述种种矛盾看做是私有制社会长期得不到解决的"历史之谜"。

由于异化劳动的出现，随之人类社会产生了私有财产，在异化劳动和私有财产的条件下，产生了一系列的带有异化性质的、特殊的矛盾。如：人与自然之间、人与人之间、存在与本质之间、对象化与自我确证之间、自由与必然、个体与类之间都被印上了异化的烙印。只有在共产主义条件下，由于资本主义私有制的彻底扬弃，异化劳动和私有财产所造成的一系列矛盾得以真正的解决。也只有在共产主义条件下，人们才能正确地把握历史规律，自觉地创造历史，人类历史才真正从必然王国进入了自由王国。所以，马克思说，共产主义就是"历史之谜的解答，而且知道自己就是这种解答。"

在这里，马克思阐明了关于认识论的重要思想，指出，"全部人的活动迄今都是劳动，也就是工业"。而"工业的历史和工业的已经产生的对象性的存在，是一本打开了的关于人的本质力量的书，是感性地摆在我们面前的人的心理学"。感性必须是一切科学的基础，科学只有从感性意识和感性需要这两种形式出发才是现实的科学。因此，马克思说的自然主义是指自然、人化的自然和社会的和谐的统一（即平衡），是"人同自然界的完成了的本质的统一，是自然界的真正的复活，是人的实现了的自然主义和自然界的实现了的人道主义"。从而，自然界真正成为人的对象和基础，自然界通过自己的产物——人把自己发展到一个高级的阶段，人和自然界同时都得到了真正的解放。

综上所述，共产主义是对私有制和异化的扬弃，是人和人，人和物，人和自然之间的友爱与和谐关系的真正恢复，是这种矛盾的真正解决，从而也是历史之谜的解答。但是，这里需要说明，在《手稿》中，马克思并不认为共产主义是一种目标型社会形式。他说："共产主义并不是人类发展的目标，并不是人类社会的形式。"那么，共产主义是什么呢？"共产主义是作为否定的否定的肯定，因此它是人的解放和复原的一个现实的、对下一段历史发展说来是必然的环节。共产主义是最近、将来的必然的形式和有效的原则"。可见，马克思在这里没有我们所想的关于社会主义和共产主义的论证和结论，因此这种共产主义并不是一种制度，甚至也不是一个具体的形态，它实际上是一种运动，一种过程，一种境界。

《手稿》《形态》对于共产主义论述的比较表

	共产主义的立足点	共产主义社会的"人"	共产主义的论述
《手稿》中的共产主义	立足于价值的、伦理的、人道的基础上	人的类本质复归	用类本质推导出共产主义及其全部理论
《形态》中的共产主义	立足于社会规律、历史必然性基础上	人的自由全面发展，自由人的联合体	用社会基本矛盾运动理论批判资本主义，论述共产主义

第六章
《手稿》对黑格尔哲学的批判

黑格尔(1770—1831)德国近代客观唯心主义哲学的集大成者、政治哲学家，对德国资产阶级的国家哲学作了最系统、最丰富和最完整的阐述。

1770 年 8 月 27 日生在德国符腾堡公国首府斯图加特一个官吏家庭。1788 年 10 月去图宾根神学院学习，主修神学和哲学。1800 年与谢林共同创办《哲学评论》杂志。次年成为耶拿大学编外讲师，四年之后成为副教授。1807 年出版他的第一部著作《精神现象学》。1808—1816年，他在纽伦堡当了八年的中学校长。在此期间完成了《逻辑学》，1816—1817 年任海德堡大学哲学教授。1817 年，完成了他的哲学体系。1818 年后任柏林大学哲学教授，1829 年当选柏林大学校长，1831 年死于霍乱。他在柏林大学的讲稿死后被整理为《哲学史讲演录》、《美学讲演录》和《宗教哲学讲演录》。

黑格尔青年时代恰逢法国大革命，卢梭的思想对他产生了极大影响，他被法国革命崇尚的自由精神深深打动。他反对封建专制和民族分裂，渴望德国在政治上实现统一，把德意志民族的复兴与资产阶级革命联系起来，并把立宪政治制度视之为理想的国家制度。1815 年拿破仑战争的失败、欧洲封建势力的复辟，使他的政治态度发生变化，放弃了激进的政治主张，开始赞颂现存的普鲁士王国，主张以此为基础而建立君主立宪制政体。黑格尔晚年对普鲁士王国表现出忠顺态度，但对法国革命始终持有好评，对德国保守派——历史法学派持反对态度。

黑格尔的国家观继承和发展了康德、费希特以来德国古典哲学的传统。他用哲学的思辨揭示国家的本质，反对 17、18 世纪的社会契约论从国家的外部特征解释国家的本质，认为国家不是契约的任意产物。黑格尔对德国古典哲学中整体国家观的倾向给予充分发挥，表明了他对古希腊以伦理和整体为特征的城邦国家观的崇尚。在国家制度方面，黑格尔认为世袭君主制是国家制度的顶峰，但他主张限制王权，认为三权只是政治国家统一意志的象征。黑格尔的政治思想是西方近代资产阶级革命时期政治理论的终结，它深刻反映了资产阶级革命的基本政治要求，他的整体国家观对 19 世纪末、20 世纪初的新自由主义产生过深远的影响。

黑格尔晚年是一个普鲁士爱国者，是国家的忠仆，安享公认的哲学声望；但是在青年时代他却藐视普鲁士而景仰拿破仑，甚至为法军在耶拿的胜利而欢欣。

黑格尔把绝对精神看做世界的本原。绝对精神并不是超越于世界之上的东西，自然、人类社会和人的精神现象都是它在不同发展阶段上的表现形式。因此，事物的更替、发展、永恒的生命过程，就是绝对精神本身。黑格尔哲学的任务和目的，就是要展示通过自然、社会和思维体现出来的绝对精神，揭示它的发展过程及其规律性，实际上黑格尔在唯心主义基础上揭示思维与存在的辩证同一。

黑格尔建立起令人叹为观止的客观唯心主义体系，主要讲述绝对精神自我发展的三个阶段：逻辑学、自然哲学、精神哲学。恩格斯给其以高度的评价："近代德国哲学在黑格尔的体系中达到了顶峰，在这个体系中，黑格尔第一次—这是他的巨大功绩—把整个自然的、历史的和精神的世界描写为处于不断运动、变化、转化和发展中，并企图揭示这种运动和发展的内在联系。"

马克思在青年时代是黑格尔的信徒。但是，马克思在《莱茵报》时期所遇到的各种实际问题：政治问题、经济问题和现实矛盾、冲突斗争，动摇了马克思原来信仰的黑格尔哲学体系。马克思对黑格尔哲学产生了怀疑。按黑格尔哲学原则，国家应是人类理性的体现和历史发展的动力。然而，普鲁士国家却仅仅是富人的工具，它解决每一个实际事务考虑的只是富人的利益，而不是什么人类的理性。正是这些怀疑，促使马克思离开黑格尔，去关心现实物质利益问题。这些变化表明：马克思已从一个自由主义者转变为革命民主主义者，由一个唯心主义哲学的信奉者开始向唯物主义转变。马克思说："为了解决使我苦恼的问题，我写的第一部著作是对黑格尔法哲学的批判性分析"，这就是《黑格尔法哲学批判》一书。

《黑格尔法哲学批判》对黑格尔的法哲学进行了揭露和批判，揭示了国家与社会的真实关系，得出市民社会决定国家的重要结论。奠定了马克思主义国家学说的理论基础。马克思吸收了黑格尔辩证法的合理内核，并把它建立在唯物主义基础之上，创立了马克思唯物辩证法理论体系。

【原文（《手稿》有关"对黑格尔哲学的批判"部分节选）】

由于黑格尔的《哲学全书》从逻辑学，从纯粹的思辨的思想开始，而以绝对知识，以自我意识的、理解自身的哲学或绝对的即超人的抽象精神结束，所以整整一部《哲学全书》不过是哲学精神的展开的本质，是哲学精神的自我对象话；而哲学精神不过是在它的自我异化内部通过思考理解，即抽象地理解自身话的、异化的宇宙精神。逻辑学是精神的货币，是人和自然界的思辨的思想的价值——人和自然界的同一切现实的规定性毫不相干的、因而是非现实的本质，——是外化的因而从自然界和现实的人抽象出来的思维，即抽象思维。——这种抽象思维的外在性就是……自然界，就像自然界对这种抽象思维所表现的那样。自然界对抽象思维说来是外在的，是抽象思维的自我丧失；而抽象思维也是外在地把自然界作为抽象的思想来理解，然而是作为外化的、抽象的思维来理解。——最后，精神，这个回到自己的诞生地的思维，这种思维在它终于发现自己和肯定自己就是绝对知识，因而就是绝对的即抽象的精神之前，在它获得自己的自觉的、与自身相符合的存在之前，它作为人类学的、现象学的、心理学的、伦理的、艺术的、宗教的精神，总还不是自身，因为它的现实存在就是抽象。

黑格尔有两个错误。

第一个错误在黑格尔哲学的诞生地《现象学》中表现的最为明显。例如，当他把财富、国家权力等等看成同人的本质相异化的本质时，这只是就它们的思想形式而言。它们是思想的本质，因而只是纯粹的即抽象的哲学思维的异化。因此，整个运动是以绝对知识结束的。这些从对象中异化出来的并且以现实性自居而与之对立的，恰恰是抽象的思维。哲学家——他本身是异化的人的抽象形象——把自己变成异化的世界的尺度。因此，全部外化历史和外化的全部消除，不过是抽象的、绝对的〔XVII〕思维的生产史，即逻辑的思辨的思维的生产史。因而，异化——它从而构成这种外化的以及这种外化之扬弃的真正意义——是在自在和自为之间、意识和自我意识之间、客体和主体之间的对立，也就是抽象思维同感性的现实，或现实的感性在思想本身范围内的对立。其他一切对立及其运动，不过是这种唯一有意义的对立的外观、外壳、公开形式，这些对立构成其他世俗对立的意义。在这里，不是人的本质以非人的方式同自身对立的对象化，而是人的本质以不同于抽象思维的方式，并且同抽象思维对立的对象化，被当作异化的被设定的和应该扬弃的本质。

〔XVIII〕因此，对于人的已成为对象而且是异己对象的本质力量的占有，首先不过是那种在意识中、在纯思维中即在抽象中发生的占有，是对这些作为思想和思想运动的对象的占有；因此，在《现象学》中，尽管已有一个完全否定的和批判的外表，尽管实际上已包含着那种往往早在后来发展之前就有的批判，黑格尔晚期着作的那种非批判的实证主义，和同样非批判的唯心主义——现有经验在哲学上的分解和恢复——已经已一种潜在的方式，作为萌芽、潜能和秘密存在着了。其次，因此，要求把对象世界归还给人——例如，有这样一种理解：感性意识不是抽象感性的意识，而是人的感性的意识；宗教、财富等等不过是人的对象化的异化的现实，是客体化的和人的本质力量的异化的现实；因而，宗教、财富等等不过是通向真正的人的现实的道路，——这种对人的本质力量的占有或对这一过程的理解，在黑格尔那里是这样表现的：感性、宗教、国家权力等等是精神的本质，因为只有精神才是人的真正的本质，而精神的真正的形式则是能思维的精神，逻辑的、思辨的精神。自然界的人性和历史所创造的自然界——人的产品——的人性。就表现在它们是抽象精神的产物，所以，在这个限度内是精神的环节即思想本质。因此，《现象学》是一种隐蔽的、自身还不清楚的、神秘化的批判；但是，由于《现象学》紧紧抓住人的异化，——尽管人指是以精神的方式出现的，——其中仍然隐藏着批判的一切要素，而且这些要素往往已经以远远超过黑格尔观点的方式准备好和加过工了。关于"苦恼的意识"、"诚实的意识"、"高尚的意识和卑鄙的意识"的斗争等等、等等这些章节，包含着对宗教、国家、市民生活等整个领域的批判的要素，但还是通过异化的形式。正像本质、对象表现为思想的本质一样，主体也始终是意识或自我意识，或者更正确些说，对象仅仅表现为抽象的意识，而人仅仅表现为自我意识。因此，在《现象学》中出现的异化的各种不同形式，不过是意识和自我意识的不同形式，正像抽象的意识本身（对象就被看成这样的意识）仅仅是设定差别的自我意识的一个环节一样，这一运动的结果表现为自我意识和意识的同一，绝对知识，那种已经不是朝向外部而是仅仅在自身内部进行的抽象思维活动，也就是说，其结果是纯思想的辩证法。〔XVIII〕

〔XXIII〕因此，黑格尔的《现象学》及其最后成果——作为推动原则和创造原则的否定性的辩证法——的伟大之处在于，黑格尔把人的自我产生看作一个过程，把对象化看作非对象化，看作外化和这种外化的扬弃；因而，他抓住了劳动的本质，把对象性的人、现实的因而是真正的人，理解为他自己的劳动的成果。人同作为类存在物的自身发生现实的、能动的关系，或者说，人使自身作为现实的类存在物，即作为人的存在物实际表现出来，只有通过下列途径才是可能的：人实际上把自己的类的力量统统发挥出来（这又是只有通过人类的全部活动、只有作为历史的结果才有可能），并且把这些力量当作对象来对待，而这首先又是只有通过异化的形式才是可能的。

我们将根据《现象学》的最后一章——绝对知识——来详细说明黑格尔的片面性和局限性。这一章既概括地阐述了《现象学》的精神、它同思辨的辩证法的关系，也概括地阐述了黑格尔对这二者及其相互关系的理解。

让我们先指出一点：黑格尔站在现代国民经济学家的立场上。他把劳动看作人的本质，看作人的自我确证的本质；他只看到劳动的积极的方面，而没有看到它的消极的方面。劳动是人在外化范围内或者作为外化的人的自为的生成。黑格尔唯一知道并承认的劳动是抽象的精神的劳动。因此，黑格尔把一般说来构成哲学的本质的那个东西，即知道自身的人的外化，或者思考自身的、外化的科学看成劳动的本质；因此，同以往的哲学相反，他能把哲学的各个环节总括起来，并且把自己的哲学说成就是这个哲学。其他哲学家做过的事情——把自然界和人类生活的各个环节看作自我意识的，以至抽象的自我意识的环节，黑格尔则认为是哲学本身所做的事情。因此，他的科学是绝对的。

现在让我们转到我们的本题上来。

绝对知识。《现象学》的最后一章。

主要之点就在于：意识的对象无非就是自我意识；或者说，对象不过是对象化的自我意识、作为对象的自我意识（把人和自我意识等同起来）。

因此，问题就在于克服意识的对象。对象性本身被认为是人的异化的、同人的本质（自我意识）不相适应的关系。因此，重新占有在异化规定下作为异己的东西产生的、人的对象性的本质，这不仅具有扬弃异化的意义，而且有扬弃对象性的意义，这就是说，人被看成非对象性的、唯灵论的存在物。

黑格尔对克服意识的对象的运动作了如下的描述：

对象不仅表现为向自我〔das Selbst〕复归的东西（在黑格尔看来，这是对第一运动的片面的，即只抓住了一个方面的理解）。把人和自我等同起来。而自我不过是被抽象地理解和通过抽象产生出来的人。人是自我的〔selbstisch〕。人的眼睛、人的耳朵等等都是自我的；人的每一种本质力量在人身上都具有自我性这种特性。但正因为这样，说自我意识具有眼睛、耳朵、本质力量，就完全错了。毋宁说自我意识是人的自然的即人的眼睛等等的质，而并非人的自然是〔XXIV〕自我意识的质。

被抽象化和被固定化的自我，就是作为抽象的利己主义者的人，就是在自己的纯粹抽象中被提升到思维的利己主义（下文还要提到这一点）。

人的本质，人，在黑格尔看来是和自我意识等同的。因此，人的本质的一切异化都不过是自我意识的异化。自我意识的异化没有被看作人的本质的现实异化的表现，即在知识和思维中反映出来的这种异化的表现。相反地，现实的即真实出现的异化，就其潜藏在内部最深处的——并且只有哲学才能揭示出来的——本质说来，不过是真正的、人的本质即自我意识的异化的现象。因此，掌握了这一点的科学就叫现象学。因此，对异化的、对象性的本质的任何重新占有，都表现为把这种本质合并于自我意识：掌握了自己本质的人，仅仅是掌握了对象性本质的自我意识。因此，对象向自我的复归就是对象的重新占有。

〔在黑格尔看来〕对意识的对象的克服可全面表述如下：

（1）对象本身对意识说是正在消逝的东西；

（2）自我意识的外化就是设定物性；

（3）这种外化不仅有否定的意义，而且有肯定的意义；

（4）它不仅对我们或者自在地有这种意义，而且对意识本身也有这种意义；

（5）对象的否定，或对象的自我扬弃，对意识所以有肯定的意义（或者说，它所以知道对象的这种虚无性），是由于意识把自身外化了，因为意识在这种外化中把自身设定为对象，或者说，由于自为的存在的不可分割的统一性，而把对象设定为自身；

（6）另一方面，这里同时包含着另一环节，即意识既扬弃这种外化和对象性，同样也把它们收回到自身，因而，它在自己的异在本身中也就是在自己那里；

（7）这就是意识的运动，因而也就是意识的各个环节的总体；

（8）意识必须依据自己的各个规定的总体对待对象，同样也必须依据这个总体的每一个规定来考察对象。意识的各个规定的这种总体使对象本身成为精神的本质，而对于意识说来，对象所以真正成为精神的本质，是由于把对象的每一个别规定理解为自我的规定，或者说，是由于对这些规定采取了上述的精神的态度。

关于（1）。——所谓对象本身对意识说来是正在消逝的东西，就是上面提到的对象向自我的复归。

关于（2）。——自我意识的外化设定物性。因为人等于自我意识，所以人的外化的、对象性的本质即物性（即对他说来是对象的那个东西，而只有对他说来是本质的对象，并因而是他的对象性的本质的那个东西，才是他的真正对象。既然被当作主体的不是现实的人本身，因而也不是自然——因为人是人的自然，——而只是人的抽象，即自我意识，所以，物性只能是外化的自我意识），等于外化的自我意识，而物性是由这种外化设定的。一个有生命的、自然的、具备并赋有对象性的、及物质的本质力量的存在物，既拥有他的本质的现实的、自然的对象，他的自我外化又设定一个现实的、但以外在性的形式表现出来的因而不属于他的本质的，而且极其强大的对象世界，这是十分自然的。这里并没有什麼不可捉摸的和神秘莫测的。相反的情况倒是神秘莫测的。但同样明显的是，自我意识通过自己的外化所能设定的只是物性，即只是抽象物、抽象的物，而不是现实的物。〔XXVI〕同样很明显的是：物性因此对自我意识说来绝不是什麼独立的、实质的东西，而只是纯粹的创造物，是自我意识所设定的东西，这个被设定的东西并不证实自己，而只是证实设立这一行动，这一行动在一瞬间把自己的能力作为产物固定下来，使它似乎具有独立的、现实的本质的作用——但仍然只是在一瞬间。

当现实的、有形体的、站在稳固的地球上呼出和吸入一切自然力的人，通过自己的外化把自己现实的、对象性的本质力量设定为异己的对象时，这种设定并不是主体；它是对象性的本质力量的主体性，因而这些本质力量的活动也必须是对象性的活动。对象性的存在物是进行对象性活动的，而只要它的本质规定中不包含对象性的东西，它就不能进行对象性的活动。它所以能创造或设定对象，只是因为它本身是被对象所设定的，因为它本来就是自然界。因此，并不是它在设定这一行动中从自己的"纯粹的活动"转而创造对象，而是它的对象性的产物仅仅证实了它的对象性活动，证实了它的活动是对象性的自然存在物的活动。

我们在这里看到，彻底的自然主义或人道主义，既不同于唯心主义，也不同于唯物主义，同时又是把这两者结合的真理。我们同时也看到，只有自然主义能理解世界历史的行动。

人直接地是自然存在物。人作为自然存在物，而且作为有生命的自然存在物，一方面具有自然力、生命力，是能动的自然存在物；这些力量作为天赋和才能、作为慾望存在于人身上；另一方面，人作为自然的、肉体的、感性的、对象性的存在物，和动植物一样，是受动的、受制约的和受限制的存在物，也就是说，他的欲望的对象是作为不依赖于他的对象而存在于他之外的；但这些对象是他的需要的对象；是表现和确证他的本质力量所不可缺少的、重要的对象。说人是肉体的、有自然力的、有生命的、现实的、感性的、对象性的存在物，这就等于说，人有现实的、感性的对象作为自己的本质，即自己的生命表现的对象；或者说，人只有凭藉现实的、感性的对象才能表现自己的生命。说一个东西是对象性的、自然的、感性的，这是说，在这个东西之外有对象、自然界、感觉；或者说，它本身对于第三者说来是对象、自然界、感觉，这都是同一个意思。饥饿是自然的需要；因而为了使自己得到满足、得到需要、得到温饱，他需要在他之外的自然界、在他之外的对象。饥饿是我的身体对某一对象的公认的需要，这个对象存在于我的身体之外、是我的身体为了充实自己，表现自己的本质所不可缺少的。太阳是植物的对象，是植物所不可缺少的、确证它的生命的对象，正像植物是太阳的对象，是太阳的唤醒生命的力量的表现，是太阳的对象性的本质力量的表现一样。

一个存在物如果在自身之外没有自己的自然界，就不是自然存在物，就不能参加自然界的生活，一个存在如果在自身之外没有对象，就不是对象性的存在物。一个存在物如果本身不是第三者的对象，就没有任何存在物作为自己的对象，也就是说，它没有对象性的关系，它的存在就不是对象性的存在。

〔XXVII〕非对象性的存在物是非存在物〔Unwesen〕

假定一种存在物本身既不是对象，又没有对象。这样的存在物首先将是一个唯一的存在物，在它之外没有任何东西存在着，它孤零零地独自存在着。因为，只要有对象存在于我之外，只要我不是独自存在着，那末我就是和在我之外存在的对象不同的它物，另一个现实。因而，对这第三者的对象说来，我是和他不同的另一个现实，也就是说，我是它的对象。因此，一个存在物如果不是另一个存在物的对象，那末就要以不存在任何一个对象性的存在物为前提。只要我有一个对象，这个对象就以我作为它的对象。但是非对象性的存在物，是一种非现实的、非感性的、只是思想上的，即只是虚构出来的存在物，是抽象的东西。说一个东西是感性的即现实的，这是说，它是感觉的对象，是感性的对象，从而在自己之外有感性的对象，有自己的感性的对象。说一个东西是感性的，就是指它是受动的。

因此，人作为对象性的、感性的存在物，是一个受动的存在物；因为它感到自己是受动的，所以是一个有激情的存在物。激情、热情是人强烈追求自己的对象的本质力量。

正像一切自然必须产生一样，人也有自己的产生活动即历史，但历史是在人的意识中反映出来的，因而它作为产生活动是一种有意识地扬弃自身的产生活动。历史是人的真正的自然史。——（关于这一点以后还要回过头来谈。）

第三，由于物性的这种设定本身不过是一种外观，一种与纯粹活动的本质相矛盾的行动，所以这种设定必然重新被扬弃，而物性必然遭到否定。

关于第（3）、（4）、（5）、（6）。——（3）意识的这种异化不仅有否定的意义，而且也有肯定的意义；（4）它不仅对我们或者说自在地有肯定的意义，而且对它及意识本身也有肯定的意义。（5）对象的否定，或对象的自我扬弃，对意识所以有肯定的意义（或者说，它所以知道对象的这种虚无性），是由于意识把自身外化了，因为意识在这种外化中知道自己就是对象，或者说，由于自为的存在的不可分割的统一性，而知道对象就是它自身。（6）另一方面，这里还同时包含着另一个环节，即意识既扬弃这种外化和对象性，同样也把它们收回到自身，因而，它在自己的异在本身中也就是在自己那里。

我们已经看到，异化的对象性的本质的占有，或在异化——它必然从漠不相关的异己性发展到现实的、敌对的异化——这个规定下的对象性的扬弃，在黑格尔看来，同时或甚至主要地具有扬弃对象性的意义，因为并不是对象的一定的性质，而是它的对象性的性质本身，对自我意识说来成为一种障碍的异化。因此，对象是一种否定的东西、自我扬弃的东西，是一种虚无性。对象的这种虚无性对意识说来不仅有否定的意义，而且有肯定的意义，因为对象的这种虚无性，正是它自身的非对象性的即〔XXVIII〕抽象的自我确证。对于意识本身说来，对象的虚无性所以有肯定的意义，是因为意识知道这种虚无性、这种对象性本质是它自己的自我外化，知道这种虚无性只是由于它的自我外化才存在……

意识的存在方式，以及对意识说来某个东西的存在方式，这就是知识。知识是意识的唯一的行动。因此，只要意识知道某个东西，那末这个东西就成为意识的对象了。知识是意识的唯一的、对象性的关系。——意识所以知道对象的虚无性，就是说知道对象同它没有区别，对象对它说来是非存在，因为意识知道对象是它的自我外化，也就是说，意识所以知道自己（作为对象的知识），是因为对象只是对象的外观、障眼的烟云，而就它的本质说来不过是知识本身，这种知识把自己同自身对立起来，并因而把某种虚无性，即在知识之外没有任何对象性的某种东西同自己对立起来；或者说，知识知道，当它接触某个对象时，它只是在自己之外，使自己外化；它知道它本身只表现为对象，也就是说，对它说来表现为对象的那个东西仅仅是它本身。

另一方面，用黑格尔的话来说，这里同时还包含着另一个环节，即自我意识既扬弃这种外化和对象性，同样也把它们收回到自身，因而，它在自己的异在本身中也就是在自己那里。

这段议论汇集了思辨的一切幻想。

第一，意识、自我意识在自己的异在本身中也就是在自己那里。因此自我意识，或者，——如果我们撇开黑格尔的抽象而用人的自我意识来代替自我意识，——从而可以说人的自我意识在自己的异在本身中，也就是在自己那里。这里先包含着：意识，也就是作为知识的知识、作为思维的思维，直接地冒充为异于自身的他物，冒充为感性、现实、生命，——在思维中超越自身的思维（费尔巴哈）。这里所以包含着这一方面，是因为仅仅作为意识的意识，所碰到的障碍不是异化的对象性，而是对象性本身。

第二，这里包含着：因为有自我意识的人认为精神世界——或人的世界在精神上的普遍存在——是自我外化并加以扬弃，所以他又重新通过这个外化的形态确证精神世界，把这个世界冒充为自己的真实的存在，恢复这个世界，硬说他在自己的异在本身中也就是在自己那里。因此，在扬弃例如宗教之后，在承认宗教是自我外化的产物之後，他又在作为宗教的宗教中找到自身的确证。黑格尔的虚假的实证主义，即他那只是徒有其表的批判主义的根源就在于此，这也就是费尔巴哈所说的宗教或神学的设定、否定和恢复，然而这应当以更一般的形式来加以考察。因此，理性在作为非理性的非理性中也就是在自己那里。一个认识到自己在法、政治等等中过着外化生活的人，就是在这种外化生活本身中过着自己真正的、人的生活。因此，与自身相矛盾的，既与知识又与对象的本质相矛盾的自我肯定、自我确证，是真正的知识和真正的生活。

因此，现在不用再谈黑格尔对宗教、国家等等的适应了，因为这种谎言是他的原则的谎言。

〔XXIX〕如果我知道宗教是外化的、人的自我意识，那末我也知道，在作为宗教的宗教中得到确证的不是我的自我意识，而是我的外化的自我意识。这就是说，我知道我自身的、属于我的本质的自我意识，不是在宗教中，倒是在被消灭、被扬弃的宗教中得到确证的。

因而，在黑格尔那里，否定的否定不是通过否定假象本质来确证真正的本质，而是通过否定假象本质来确证假象本质，或者说，来确证同自身相异化的本质，换句话说，否定的否定就是否定作为在人之外的、不依赖于人的对象性本质的这种假象本质，并使它转化为主体。

因此，把否定和保存即肯定结合起来的扬弃，起着一种独特的作用。

例如，在黑格尔法哲学中，扬弃了的私人权利等于道德，扬弃了的道德等于家庭，扬弃了的家庭等于市民社会，扬弃了的市民社会等于国家，扬弃了的国家等于世界史。在现实中，私人权力、道德、家庭、市民社会、国家等等依然存在着，它们只是变成了环节，变成了人的存在和存在方式，这些存在方式不能孤立地发挥作用，而是互相销融，互相产生等等。它们是运动的环节。

在它们的现实存在中，它们的这种运动的本质是隐蔽着的。这种本质只是在思维中、在哲学中才表露、显示出来；因此，我的真正的宗教存在是我的宗教哲学的存在，我的真正的政治存在是我的法哲学的存在，我的真正的自然存在是我的自然哲学的存在，我的真正艺术存在是我的艺术哲学的存在，我的真正的人的存在是我的哲学的存在。因此，宗教、国家、自然界、艺术的真正存在，就是宗教哲学、自然哲学、国家哲学、艺术哲学。但是，如果只有宗教哲学等等对我来说才是真正的宗教存在，那末我就只有作为宗教哲学家才算是真正信教的，而这样一来我就否定了现实的宗教信仰和现实的信教的人。但是我同时又确证了它们：一方面，是在我自己存在的范围内，或在我使之与它们相对立的那个异己的存在的范围内，因为异己的存在仅仅是它们本身的哲学的表现，另一方面，则是通过它们自己的最初形式，因为在我看来它们不过是虚假的异在、譬喻，是隐藏在感性外壳下面的它们自己的真正存在，即我的哲学的存在形式。

同样地，扬弃了的质等于量，扬弃了的量等于度，扬弃了的度等于本质，扬弃了的本质等于现象，扬弃了的现象等于现实，扬弃了的现实等于概念，扬弃了的概念等于客观性，扬弃了的客观性等于绝对观念，扬弃了的绝对观念等于自然界，扬弃了的自然界等于主观精神，扬弃了的主观精神等于伦理的客观精神，扬弃的伦理精神等于艺术，扬弃了的艺术等于宗教，扬弃了的宗教等于绝对知识。

一方面，这种扬弃是思想上的本质的扬弃，也就是说，思想上的私有财产在道德观念中的扬弃。而且因为思维自以为直接就是和自身不同的另一个东西，即感性的现实，从而认为自己的活动也是感性的现实的活动，所以这种思想上的扬弃，在现实中没有触及自己的对象，却以为实际上克服了自己的对象；另一方面，因为对象对于思维说来现在已成为一个思想环节，所以对象在自己的现实中被思维看作思维本身的即自我意识的、抽象的自我确证。

〔XXIX〕因此，从一方面说，黑格尔在哲学中加以扬弃的存在，并不是现实的宗教、国家、自然界、而是已经成为知识的对象的宗教本身，即教义学；法学、国家学、自然科学也是如此。因此从一方面说，黑格尔既同现实的本质相对立，也同直接的、非哲学的科学或这种本质的非哲学的概念相对立。因此，黑格尔是同它们的通用的概念相矛盾的。

另一方面，信奉宗教等等的人可以在黑格尔那里找到自己的最后的确证。

现在应该考察一下——在异化这个规定之内——黑格尔辩证法的积极的环节。

（a）扬弃是把外化收回到自身的、对象性的运动。——这是在异化的范围内表现出来的，关于通过扬弃对象性本质的异化来占有对象性本质的见解；这是异化的见解，它主张人的现实的对象化，主张人通过消灭对象世界的异化的规定、通过在对象世界的异化存在中，扬弃对象世界而现实地占有自己的对象性本质，正像无神论作为神的扬弃，就是理论的人道主义的生成，而共产主义作为私有财产的扬弃，就是对真正人的生活这种人的不可剥夺的财产的要求，就是实践的人道主义的生成一样；或者说，无神论是以扬弃宗教作为自己的中介的人道主义，共产主义则是以扬弃私有财产作为自己的中介的人道主义。只有通过扬弃这种中介，——但这种中介是一个必要的前提，——积极地从自身开始的即积极的人道主义才能产生。

然而，无神论、共产主义绝不是人所创造的对象世界的，即人的采取对象形式的本质力量的消逝、舍弃和丧失，绝不是返回到非自然的、不发达的简单状态去的贫困。恰恰相反，它们是人的本质的现实的生成，是人的本质对人说来的真正的实现，是人的本质作为某种现实的东西的实现。

这样，黑格尔由于理解到——尽管又是通过异化的方式——有关自身的否定的积极意义；所以同时也把人的自我异化、人的本质的异化、人的非对象化和非现实化理解为自我获得、本质的表现、对象化、现实化。简单说，他在抽象的范围内把劳动理解为人的自我产生的行动，把人对自身的关系理解为对异己本质的关系，把那作为异己存在物来表现自身的活动理解为生成着的类意识和类生活。

（b）但是，撇开上述颠倒的说法不谈，或者更正确些说，作为上述颠倒的结果，在黑格尔看来，这种行动，第一，仅仅具有形式的性质，因为它是抽象的，因为人的本质本身仅仅被看作抽象的、思维的本质，即自我意识。

第二，因为这种观点是形式的和抽象的，所以外化的扬弃成为外化的确证，或者说，在黑格尔看来，自我产生、自我对象化的运动，作为自我外化和自我异化的运动，是绝对的因而也是最后的、以自身为目的的、安于自身的、达到自己本质的、人的生命表现。

因此，这个运动在其抽象〔XXXI〕形式上，作为辩证法，被看成真正人的生命；而因为它毕竟是人的生命的抽象、异化，所以它被看成神性的过程，然而是人的神性的过程，——一个与人自身有区别的、抽象的、纯粹的、绝对的本质所经历的过程。

第三，这个过程必须有一个承担者、主体；但主体只作为结果出现；因此，这个结果，即知道自己是绝对自我意识的主体，就是神，绝对精神，就是知道自己并且实现自己的观念。现实的人和现实的自然界不过成为这个隐密的、非现实的人和这个非现实的自然界的宾词、象征。因此，主词和宾词之间的关系被绝对地相互颠倒了：这就是神秘的主体——客体，或笼罩在客体上的主体性，作为过程的绝对主体，作为使自己外化并且从这种外化返回到自身的、但同时又把外化收回到自身的主体，以及作为这一过程的主体；这就是在自身内部的纯粹的、不停息的旋转。

关于第一点：对人的自我产生的或自我对象化的行动的形式的和抽象的理解。

因为黑格尔把人和自我意识等同起来，所以人的异化了的对象，人的异化了的、本质的现实性，不外就是异化的意识，就是异化的思想，是异化的抽象因而无内容的和非现实的表现，即否定。因此，外化的扬弃也不外是对这种无内容的抽象，所作的抽象的、无内容的扬弃，即否定的否定。因此，自我对象化的内容丰富的、活生生的、感性的、具体的活动，就成为这种活动的纯粹抽象——绝对的否定性，而这种抽象也被抽象地固定下来并且被想像为独立的活动，或者乾脆想像为活动。因为这种所谓否定性无非就是上述现实的、活生生的行动的抽象的无内容的形式。所以它的内容也只能是形式的、抽掉了一切内容而产生的内容。因此，这就是普遍的，抽象的，适合任何内容的，从而既超脱任何内容同时又正是对任何内容都通用的，脱离现实的精神和现实的自然界的抽象形式、思维形式、逻辑范畴。（下文我们将阐明绝对的否定性的逻辑内容。）

黑格尔在这里、在它的思辨的逻辑学里所完成的积极的东西在于；独立自然界和精神的特定概念、普遍的固定的思维形式，是人的本质普遍异化的必然结果，因而也是人的思维的必然结果；因此，黑格尔把它们描绘成抽象过程的各个环节，把它们连贯起来了。例如，扬弃了的存在是本质，扬弃了的本质是概念，扬弃了的概念……是绝对观念。然而，绝对观念究竟是什麽呢？如果绝对观念不愿意再去重头经历全部抽象活动，并满足于充当种种抽象的总体或充当理解自我的抽象，那末，绝对观念也要再一次扬弃自身。但是，把自我理解为抽象的抽象，知道自己是无；它必须放弃自身即抽象，从而达到了恰恰是它的对立面的本质，达到了自然界。因此，全部逻辑学都证明，抽象思维本身是无，绝对观念本身是无，只有自然界才是某物。

〔XXXII〕绝对观念、抽象观念

"从它与自身统一这一方面来考察就是直观"（黑格尔《全书》第 3 版第 222 页），它"在自己的绝对真理中决心把自己的特殊性这一环节，或最初的规定和异在这一环节，即作为自己的反应的直接观念，从自身释放出去，也就是说，把自身作为自然界从自身释放出去"，（同上）

举动如此奇妙而怪诞，使黑格尔份子伤透了脑筋的整个观念，无非就是抽象，即抽象思维者，这种抽象由于经验而变得聪明起来，并且弄清了它的真相就决心在某些——虚假的甚至还是抽象的——条件下放弃自身，而用自己的异在，即特殊的、特定的东西，来代替自己的自在性、非存在，代替自己的普遍性和无规定性；——决心把那只是作为抽象、作为思想物而隐藏在它里面的自然界从自身释放出去，也就是说，决心抛弃抽象而看一看摆脱掉它的自然界。直接成为直观的抽象观念，无非就是那种放弃自身并决心成为直观的抽象思维。从逻辑学到自然哲学的这整个过度，无非就是对抽象思维者说来如此难以达到、因而由他作了如此牵强附会的描述的从抽象到直观的过渡。有一种神秘的感觉驱使哲学家从抽象思维转向直观，那就是厌烦，就是对内容的渴望。

（同自身相异化的人，也就是同自己的本质即同自己的自然的和人的本质相异化的思维者。因此，他的思维是居于自然界和人之外的僵化的精灵。黑格尔把这一切僵化的精灵统统禁锢在他的逻辑学里，先是把它们一个一个看成否定，即人的思维的外化，然后又把它们看成否定的否定，即看成这种外化的扬弃，看成人的思维的现实的表现；但是这种否定的否定由于仍然被束缚在异化中，它一部份是使原来那些僵化的精灵在它们的异化中恢复，一部份是停留在最后的活动中，也就是在作为这些僵化的精灵的真实存在的外化中，自己同自己发生关系〔5〕；一部份则由于这种抽象理解了自身并且对自身感到无限的厌烦，而要求放弃抽象的、只在思维中运动的思维，即无眼、无牙、无耳、无一切的思维，在黑格尔那里，便表现为决心承认自然界是本质并且转而致力于直观。）

〔XXXIII〕但是，被抽象地理解的，孤立的，被认为与人分离的自然界，对人说来也是无。不言而喻，这位决心转向直观的抽象思维者是抽象地直观自然界的。正向自然界曾经被思维者禁锢在他的绝对观念、思想物这种对本身说来也是隐密的和不可思议的形式中一样。现在，当他把自然界从自身释放出去时，他实际上从自身释放出去的只是这个抽象的自然界，只是自然界的思想物，不过现在具有这样一种意义，即这个自然界是思想的异在，是现实的、可以被直观的、有别于抽象思维的自然界。或者，如果用人的语言来说，抽象思维者在他直观自然界时了解到，他在神性的辩证法中以为是从无、从纯抽象中创造出来的那些本质——在自身中转动的并且在任何地方都不向现实看一看的思维劳动的纯粹产物——无非就是自然界诸规定的抽象。因此，对他说来整个自然界不过是在感性的、外在的形式下重复逻辑的抽象而已。他重新分析自然界和这些抽象。因此，他对自然界的直观不过是他把对自然界的直观抽象化的确证活动，不过是他有意识地重复他的抽象概念的产生过程。例如，时间等于自己同自己发生关系的否定性（前引书，第 238 页）。被扬弃了的运动即物质——在自然形式中——同被扬弃了的生成即定在符合。光是反射于自身的自然形式。像月亮和彗星这样的物体，是对立物的自然形式，按照《逻辑学》，这种对立物一方面是以自身为根据的肯定的东西，而另一方面又是以自身为根据的否定的东西。地球是作为对立物的否定性统一等等的逻辑理由的自然形式。

作为自然界的自然界，也就是说，就它还在感性上不同于它自身隐藏的神秘意义而言，离开这些抽象概念并不同于这些抽象概念的自然界，就是无、即证明自己是虚无的无。它是无意义的，或者只具有应被扬弃的外在性的意义。

"有限的目的论的观点包含着一个正确的前提，即自然界本身并不包含着有限的目的。"（第 225 页）

自然界的目的就在于对抽象的确证。

"结果自然界成为具有异在形式的观念。既然观念在这里表现为对自身的否定或外在于自身的东西，那末自然界并非只在相对的意义上对这种观念说来是外在的，而是外在性构成这样的规定，观念在其中表现为自然界。"（第 227 页）

在这里不应该把外在性理解为显露在外的并且对光、对感性的人敞开的感性；在这里应该把外在性理解为外化，理解为不应有的缺点、缺陷。因为真实的东西毕竟是观念。自然界不过是观念的异在的形式。而既然抽象的思维是本质，那末外在于它的东西，就其本质说来，不过是某种外在的东西。抽象思维者既承认感性、同在自身中转动的思维相对立的外在性，是自然界的本质。但同时它又把这种对立说成这样，即自然界的这种外在性，自然界同思维的对立，是自然界的缺陷；就自然界不同于抽象而言，自然界是个有缺陷的存在物。〔XXXIV〕不仅对我说来而且在我的眼里看来是有缺陷的存在物，即就其本身说来是有缺陷的存在物，在它之外有一种为它所缺少的东西。这就是说，它的本质是不同于它自身的另一种东西。因此，对抽象思维者说来，自然界必须扬弃自身，因为他已经把自然界设定为潜在地被扬弃的本质。

"对我们说来精神以自然界为自己的前提，精神是自然界的真理，因而对自然界说来精神也是某种绝对第一性的东西。在这个真理中自然界消逝了，结果精神成为达到其自为的存在观念，而概念则既是观念的客体，同时又是它的主体。这种同一性就是绝对的否定性，因为概念在自然界中有自己的完满的外在的客观性，但现在它的这种外化被扬弃了。而概念在这种外化中成了与自己同一的东西。因此，概念只有作为从自然界的回归才是这种同一性。"（第392页）

"启示，作为抽象的观念，是向自然界的直接的过渡，是自然界的生成，而作为自由精神的启示，则是自由精神把自然界设定为自己的世界，——这种设定，作为反思，同时又是把世界假定为独立的自然界。概念中的启示，是精神把自然界创造为自己的存在，而精神在这个存在中获得自己的自由的确证和真实性。""绝对的东西是精神；这是绝对的东西的最高定义。"〔XXXIV〕

黑格尔是德国柏林大学教授，后升为柏林大学校长。他的哲学在整个德国有很大的影响，甚至被推崇为普鲁士国家哲学。黑格尔哲学是客观唯心主义，其体系、形式是保守的，但就在这种保守的体系中却包含着丰富的辩证法思想。一方面，黑格尔在人类思想史上第一次把整个自然、历史和精神的世界描写为一个过程，认为它们处于不断的运动、变化和发展中，并企图揭示出这种运动和发展的内在联系；可另一面，黑格尔又把自己的哲学构造成为一个封闭的体系，并宣称他自己的体系已经达到绝对真理，把当时普鲁士社会当作历史发展的顶点。这种体系和方法、前提和结论之间的矛盾，为黑格尔哲学的解体埋下了根源。黑格尔哲学的信奉者在黑格尔去世不久便分裂成了两大派别。那些政治上保守的、竭力维护封建和宗教统治的人，运用黑格尔哲学的体系为现存的政治制度和统治辩护，这些人便形成了老年黑格尔派；而那些具有激进民主主义思想的人，则利用黑格尔哲学中革命的思维方法和辩证法，去揭露和批判现存的政治制度和宗教，这些人形成了青年黑格尔派。

第一节　黑格尔哲学的唯心主义实质

　　黑格尔是德国古典哲学的完成者，是一个资产阶级哲学家，著名的客观唯心主义者。他集唯心主义之大成，综合了他那个时代的最高科学成就，形成了一个庞大而又严密的哲学体系。他是一位学识渊博的哲学家。他的哲学包括精神现象学、逻辑学、自然哲学、精神哲学。而精神哲学又分为历史哲学、法哲学、宗教哲学、哲学史和美学等等。

　　黑格尔把整个世界当作"绝对观念"自我发展的辩证过程，它首先使自己外化为自然界，然后在精神中即在思维和历史中再返回到自身。在黑格尔看来，真理包含在认识过程的本身之中，即包含在科学的长期的历史发展中，而科学的认识却是一个由低级阶段发展到高级阶段的过程。所以，黑格尔哲学的积极意义是他结束了那种认为人的思维和行动的一切结果具有最终性质，即永恒真理的看法。在《精神现象学》中，黑格尔在哲学史上第一次企图把认识过程看成是人的能动活动的过程，并对德国古典哲学家们提出的主体和客体的联系这一根本问题，做了详细的阐述。

　　马克思对黑格尔的哲学的分析是从他的《精神现象学》开始的，因为《精神现象学》阐明了黑格尔哲学体系的主体——阐述了人的意识，然后，从低级的意识形态一步步上升，直到把握绝对知识，它不仅反映了个人意识的各个发展阶段，而且可以看作整个人类的意识所经过的历史的缩影；其中在叙述绝对观念异化的过程中，显示了他的唯心主义辩证法。它作为这个体系的导言阐述了黑格尔的体系和方法的基本原理，展现了整个黑格尔哲学体系的雏形，所以它是"黑格尔哲学的真正诞生地和秘密"。因而马克思选择了这部著作作为批判黑格尔哲学的开始。

一、把人等同于自我意识

马克思尤其对《精神现象学》最后一章"绝对知识"做了深入细致的剖析：《精神现象学》的最后一章的主要之点是，意识的对象无非就是自我意识，或者说对象不过是对象的自我意识、作为对象的自我意识，从而把人和自我意识等同起来。其错误首先表现在，人被看成非对象性的、唯灵论的存在物。其次，人被看成是自我意识的质，而不是自我意识是人的自然界即人的眼睛等等的质。再次，颠倒了现实异化和自我意识异化的关系。人的本质的一切异化都被归结为自我意识的异化。因此，对异化的、对象性的本质的重新占有，只表现为这种本质合并于自我意识；掌握了自己本质的人，仅仅是掌握了对象性本质的自我意识。

二、自我意识的外化设定物性

一个有生命的、自然的、具备并赋有对象性的即物质的本质力量的存在，既拥有他本质的现实的、自然的对象，他的自我外化又设定一个现实的、但以外在性的形式表现出来的因而不从属于他的本质并凌驾其上的对象世界，这是十分自然的。这里没有什么不可捉摸的和神秘莫测的东西。但黑格尔讲的"自我意识"通过自己的外化所设定的只是物性，即抽象物，抽象的物，而不是现实的物。这种情况是神秘莫测的。同样很明显的是，物性对自我意识说来决不是什么独立的、实质的东西，而只是纯粹的创造物，是自我意识所设定的东西。

三、自我意识外化的扬弃是思想上的扬弃

在黑格尔那里，否定的否定不是通过否定假象本质来确定真正的本质，而是通过否定假象本质来确定假象本质。"否定的否定就是否定作为在人之外的、不依赖于人的、对象性本质的这种假象本质，并使它转化为主体。黑格尔的扬弃起着一种特殊的作用，扬弃是思想上的扬弃，在现实中没有触动自己的对象，却以为已经实际上克服了自己的对象。黑格尔的否定的否定的辩证法是既和客观世界的现实相矛盾，也和实证科学相矛盾，信奉宗教的人可以在黑格尔那里找到自己的最后的确证。

第二节　黑格尔哲学的双重错误

马克思从总体上揭露了它的唯心主义实质，指出黑格尔的全部哲学从纯粹思辨的精神开始，到绝对知识结束，实际上是抽象的逻辑的思辨思维的生产史。马克思正是在揭露黑格尔哲学唯心主义本质的前提下，指出了他的双重错误。

一、第一个错误：异化是抽象的哲学思维的异化

第一个错误在于，黑格尔所讲的异化是抽象的哲学思维的异化。异化在黑格尔哲学体系中，或者说在他的绝对观念的发展过程中，成为一个极其重要的环节。这种异化的主体是绝对精神即自我意识，而且它只是在思想本身范围内表现出自在与自为之间、意识与自我意识之间、客体与主体之间的对立。在黑格尔看来，这种对立及其运动是形成其他一

切对立及其运动的基础，其他一切对立及其运动不过是这种唯一有意义的对立的外观、外壳、公开形式，因此，人对异化对象的本质力量的占有，不过是在意识中，在纯思维中的占有。马克思的论述说明了在黑格尔那里一切都颠倒了。马克思在这里特别列举了财富、国家权力等，都只是纯粹的即抽象的哲学思维的异化，这些都是从抽象思维中异化出来的。在黑格尔那里，"全部外化历史和外化的整个复归，不过是抽象的、绝对的思维的生产史，即逻辑的思辨的思维的生产史"。这样，就把人类社会的历史，歪曲为精神发展的过程。人类社会中的人的本质的异化及其扬弃，统统变成了精神领域之内的演变过程，并不能给现实批判带来多少实质性对益处。因此，黑格尔哲学虽然具有一个批判和扬弃的外表，而实际上这种批判和扬弃丝毫不会触动现实社会中私有制的一根毫毛。

二、第二个错误：对人的本质力量的占有是占有人的对象性本质的自我意识

第二个错误在于，对人的本质力量的占有或对这一过程的理解是唯心主义的。黑格尔唯心主义地认为，意识对象就是自我意识，而自我意识又与人（主体）等同。因此，人本质的一切异化都不过是自我意识的异化。他不了解自我意识的异化就是人的本质的现实异化的表现。所以，在黑格尔看来，掌握了自己本质的人，仅仅是掌握了对象性本质的自我意识。从而，对象返回到自我就是对象的重新占有。他把自然界的人性和历史创造的自然界的人性，统统看作精神的产物。因为，在他看来，只有精神才是人的真正本质，而精神的形式是能思维的精神，逻辑的、思辨的精神，因而人类的历史是抽象精神的产物，所以，在这个限度内是精神的环节即思想本质。

第三节　黑格尔哲学中的合理因素

一、把人、人类社会看作是一个自我发展过程

黑格尔的伟大成就首先在于：黑格尔把人的自我产生看作一个过程，把对象化看作失去对象，看作外化和这种外化的扬弃。这肯定了黑格尔辩证法的观点。黑格尔在《精神现象学》表达了这样的辩证法思想，它把人类社会看作是一个发展过程，这个发展过程不需要上帝和神来推动，而是人类社会自我发展的过程；他把这个人的自我产生的过程，看作是一个对象化过程即人们改造自然界的劳动活动过程。黑格尔还把人类自我发展过程，看作是一个人们通过自己的劳动的不断外化和外化扬弃的辩证发展过程。马克思从总体上肯定了黑格尔的辩证法，肯定了他把人的本质看作是异化和扬弃的发展过程。

二、把劳动看作是人的自我确证的本质

黑格尔抓住了劳动的本质，把对象性的人、现实的因而是真正的人理解为他自己的劳动的结果。"黑格尔站在现代国民经济学家的立场上。他把劳动看作人的本质，看作人的自我确证的本质；他只看到劳动的积极方面，而没有看到它的消极的方面。劳动是人在外化范围内或者作为外化的人的自为的生成。黑格尔惟一知道并承认的劳动是抽象的精神劳动。因此，黑格尔把一般说来构成哲学的本质的那个东西，即知道自身的人的外化或者思考自身的、外化的科学看成劳动的本质"。因

而，马克思肯定了他抓住了劳动的本质，把对象性的人、现实的因而是真正的人理解为他自己的劳动的结果。但应指出的是，他只看到劳动的积极的方面，而没有看到它的消极的方面。他唯一知道并承认的劳动是抽象的精神的劳动。与黑格尔相反，马克思辩证唯物地看待劳动。马克思把劳动看作是客观的物质活动，是改造自然同时又改变人自身的实践活动。马克思不仅看到了劳动创造价值、肯定自身的积极方面，而且看到了在现实社会中劳动给劳动者带来屈辱和痛苦的异化的现实。这在他所创造的异化劳动范畴中得到充分的反映。

三、对宗教、国家、法等上层建筑的批判

马克思对《精神现象学》中的内容给予了公正的评价，他指出：一方面《现象学》是一种隐蔽的、自身还不清楚的、被神秘化的批判；但是，另一方面它又"紧紧抓住人的异化——尽管人只是以精神的形式出现的——其中仍然隐藏着批判的一切要素，而且这些要素往往已经以远远超过黑格尔观点的方式准备好和加过工了"。例如，要求把对象世界归还给人，从而，宗教、财富等等不过是人的对象化的异化的现实。因而，宗教、财富等等不过是通向真正人的现实的道路。可见，黑格尔对宗教、国家、市民生活的描述包含着批判的因素，但它通过了异化的形式。因此，在《精神现象学》中出现的异化的各种不同形式，不过是意识和自我意识的不同形式罢了。

四、用思辨的形式反映了客观世界自身的辩证运动

辩证法包含着辩证法的积极因素。关于扬弃是使外化回到自身的、对象性的运动的观点，这是在外化的范围内表现出来的关于通过扬弃对象性本质的异化来占有对象性本质的见解。他主张人的现实的对象化，

主张通过消灭对象世界的异化的规定，通过在对象世界的异化存在中扬弃对象世界而现实地占有自己的对象本质。这正像无神论作为神的扬弃就是理论的人道主义的生成，共产主义作为私有财产的扬弃就是对真正人的生活这种人的不可剥夺的财产要求，就是实践的人道主义的生成一样。或者说，"无神论是以扬弃宗教作为自己的中介的人道主义，共产主义则是以扬弃私有财产作为自己的中介的人道主义。"这说明，黑格尔关于扬弃异化的辩证法思想，用思辨的形式反映了客观世界自身的辩证运动。黑格尔由于理解到自身的否定的积极意义，因而，他"在抽象的范围内把劳动理解为人的自我产生的行动，把人对自身的关系理解为对异化本质的关系，把那作为异化存在物来表现自身的活动理解为生成着的类意识和类生活。"黑格尔以思辨的异化的方式，表达了人类发展史是社会劳动发展史的思想，表达了人的自我产生、自我实现的实际过程。但是，在黑格尔看来，人的自我产生的行动，仅仅具有形式的性质，因为人的本质仅仅被看作抽象的、思维的本质，即自我意识。因此，这个运动在其抽象形式上，作为辩证法，是一个与人自身有区别的、抽象的、纯粹的、绝对的本质所经历的过程。这个过程的承担者，主体是神、绝对精神，就是知道自己并且实现自己的观念，现实的人和现实的自然界不过成为这个隐秘的、非现实的人和这个非现实的自然界的宾词、象征。因此，主词和宾词之间的关系相互颠倒了。黑格尔异化和异化扬弃的辩证法是在观念"自身内部的纯粹的、不停息的旋转。"

黑格尔的否定之否定辩证法揭示了辩证的思维形式。因为，黑格尔把人和自我意识等同起来，所以人的异化了的对象，人的异化了的、本质的现实性，不外就是异化的意识、异化的思想，是异化的抽象，因而是无内容的和非现实的表现。因此，外化的扬弃是无内容的抽象所作的抽象的、无内容的扬弃。因此，自我对象化的、内容丰富的、活生生的、感性的、具体的活动，就成为这种活动的纯粹抽象的否定性，而这种抽象也被抽象地固定下来并且被想象为独立的活动。因而，黑格尔的所谓否定性无非是现实的、活生生的、行动的、抽象的、无内容的形式，所以它的内容只能是形式的、抽掉了一切内容而产生的内容。这就是普遍的、抽象的、适合任何内容的，从而既超脱任何内容同时又正是对任何内容都通用的、脱离现实的精神和现实的自然界的抽象形式、思维形式、逻辑范畴。黑格尔在这里，在他的思辨的逻辑学里所完成的积极的东西在于：形成了独立于自然界和精神的特定概念、普通的固定的思维形式，并把它们描绘成抽象过程的各个环节，把它们联贯起来，即揭示了辩证的思维形式。

由此，马克思在评述黑格尔的贡献时说，"黑格尔的《现象学》及其最后成果——作为推动原则和创造原则的否定性的辩证法——的伟大之处在于，黑格尔把人的自我产生看作一个过程，把对象化看作失去对象，看作外化和这种外化的扬弃；因而，他抓住了劳动的本质，把对象性的人、现实的因而是真正的人理解为他自己的劳动的结果"。因此，人同类存在物发生的现象的、能动的关系，只有通过下述途径才是可能的；人实际上把自己的类的力量统统发挥出来，并且把它当作对象来对待，而这首先又只有通过异化形式才有可能。黑格尔就是借助于"异化"、"外化"以及异化的"扬弃"这些范畴用唯心主义的思辨方式描述抽象的理论思维发展过程的。

综上所述，黑格尔的客观唯心主义体系尽管是保守的、有缺陷的，但它却具有积极的合理因素。**黑格尔的发展观、历史观、辩证法和异化论，对马克思主义哲学和经济学的形成提供了宝贵的材料和重要的思想来源。**

第七章
《手稿》中马克思对费尔巴哈的赞同

【原文（《手稿》有关"费尔巴哈"部分节选）】

费尔巴哈是唯一对黑格尔辩证法采取严肃的、批判的态度的人；只有他在这个领域内作出了真正的发现，总之他真正克服了就哲学。费尔巴哈成就的伟大以及他把这种成就贡献给世界时所表现的那种谦虚的纯朴，同批判所持的相反的态度恰成惊人的对照。

费尔巴哈的伟大功绩在于：

（1）证明了哲学不过是变成思想的并且经过思考加以阐述的宗教，不过是的本质的异化的另一种形式和存在方式；从而，哲学同样应当受到谴责的；

（2）创立了真正的唯物主义和现实的科学，因为费尔巴哈使"人与人之间的"社会关系成了理论的基本原则；

（3）他把基于自身并且积极地已自身为基础的肯定的东西，同自称是绝对的肯定的东西的那个否定的否定对立起来。

费尔巴哈这样解释了黑格尔辩证法（从而论证了要从肯定的东西，即从感觉确定的东西出发）；

黑格尔从异化出发（在逻辑上就是从无限的东西、抽象的普遍的东西出发），从实体出发，从绝对的和不变的抽象出发，就是说，说得更通俗些，他从宗教和神学出发。

第二，他扬弃了无限的东西，设定了现实的、感性的、实在的、有限的、特殊的东西（哲学，对宗教和神学的扬弃）。

第三，他重新扬弃了肯定的东西，恢复了抽象、无限的东西。宗教和神学的恢复。

由此可见，费尔巴哈把否定的否定仅仅看作哲学同自身的矛盾，看作在否定神学（超验性等等）之后又肯定神学的哲学，即同自身相对立而肯定神学的哲学。

费尔巴哈把否定的否定所包含的肯定，或自我肯定和自我确证，被认为是对自身还不能确信，因而自身还受对立面影响的、对自身怀疑因而需要证明的肯定，即被认为是还没有用自己的存在证明自身的、还没有被承认的〔XIII〕肯定；可见，感觉确定的、以自身为基础的肯定，是同这种肯定直接地而非间接地对立着的。

然而由于黑格尔根据否定的否定所包含的肯定方面，把否定的否定看成真正的和唯一的肯定的东西，而根据它所包含的否定方面把它看成一切存在的唯一真正的活动和自我实现的活动，所以他只是为那种历史的运动找到抽象的、逻辑的、思辨的表达，这种历史还不是作为既定的主体的人的现实的历史，而只是人的产生的活动、人的发生的历史。

我们既要说明这一运动在黑格尔那里所采取的抽象形式，也要说明这一和现代的批判相反的运动，同费尔巴哈的《基督教的本质》一书所描述的同一过程的区别；或者更正确地说，要说明这一在黑格尔那里还是非批判的运动所具有的批判形式。——现在让我们来看一看黑格尔的体系。必须从黑格尔的《现象学》即从黑格尔哲学的真正诞生地和秘密开始。

第一节　费尔巴哈的伟大功绩

费尔巴哈（1804—1872）近代德国旧唯物主义哲学家。1804 年 7 月 28 日生于巴伐利亚，早年入海德堡大学神学系，受到当时教授的影响，对黑格尔的哲学感兴趣，不顾父亲的反对，到柏林转入柏林大学跟随黑格尔学习哲学，随后他成为"青年黑格尔学派"的成员。20 岁便获得哲学博士学位。1828 年，他任大学讲师，后因发表反对神学的著作被辞退，隐居乡间。1870 年，在逝世前不久参加德国社会民主工党（爱森纳赫派）。

费尔巴哈的功绩是批判了康德的不可知论和黑格尔的唯心主义，在唯心主义统治德国哲学数十年之久后，恢复了唯物主义的权威。黑格尔逝世后，黑格尔哲学分两派，老年黑格尔派鼓吹政教统一；激进的左翼青年黑格尔派，主张政治与宗教分离。费尔巴哈曾属青年黑格尔派，他几乎听完了黑格尔的所有讲座。后批判了黑格尔的思维和存在同一说，提出了以人和自然为哲学唯一对象的人本学。他肯定自然是物质的客观实在，空间、时间和机械运动是物质的存在形式，人是自然的产物，是灵魂和肉体的统一，唯物地阐述了思维和存在的关系。他认为人是认识的主体，主体和客体通过感觉直接联系达到统一，自然是可以被认识的，主张直观反映论。在批判黑格尔唯心主义时，抛弃了黑格尔的辩证法，他的唯物主义是形而上学的，社会历史观是唯心主义的。他的人本学对人的理解是抽象的自然人。他论证了宗教和唯心主义在本质上的联系，提出唯心主义是用理性改造了的神学。他对宗教神学进行了有力的揭露和批判，试图建立一种无神的宗教来宣扬超阶级的爱。

马克思恩格斯批判地吸取了费尔巴哈唯物主义的"基本内核"，费尔巴哈哲学是马克思主义哲学的思想来源之一。

费尔巴哈的代表作主要有《黑格尔哲学批判》、《基督教的本质》、《未来哲学原理》。

一、揭示黑格尔哲学的唯心主义本质恢复唯物主义的权威

在《手稿》中，马克思对费尔巴哈的人本主义哲学给予较高的评价。马克思指出："只有从费尔巴哈才开始了实证的人道主义和自然主义的批判。……费尔巴哈著作是继黑格尔的《现象学》和《逻辑学》以后包含着真正理论革命的唯一著作。"

19世纪30年代末、40年代初，费尔巴哈先后发表了《黑格尔哲学批判》（1839）、《基督教的本质）（1841）、《关于哲学改造的临时纲要》（1843）和《未来哲学原理》等著作。在上述著作中，费尔巴哈宣告与黑格尔哲学决裂，并转向人本主义。他发表了系统地反对宗教和论证人本主义的理论。

费尔巴哈是黑格尔的学生，是黑格尔哲学的信奉者。但他在走上社会不久就对黑格尔哲学产生了动摇，并力图超越黑格尔哲学。最初使费尔巴哈产生疑问的是黑格尔的"绝对观念"决定万物、从而产生万物的思想。因此，费尔巴哈对黑格尔哲学的超越首先表现在他对这种哲学唯心主义的揭露和批判上。费尔巴哈指出，黑格尔的思辨哲学主张的从抽象到具体、从理想到实在的进程，是一种颠倒的进程。只要将黑格尔思辨哲学颠倒过来，就能得到毫无掩饰、纯粹的、明显的真理，即事物与其观念的真实关系。在黑格尔哲学那里，"绝对观念"成了一切事物和现象的主宰，这就如同宗教把上帝说成是万物的主宰一样。他揭露说："黑格尔哲学的逻辑学，是理性化和现代化了的神学，是化为逻辑学的神学。"费尔巴哈认为："哲学的关于存在物的知识。事物和本质

是怎样的，就必须怎样来思想、来认识它们。这是哲学是最高规律、最高任务。"这就是恩格斯晚年所说的费尔巴哈直截了当地恢复了唯物主义的王位。费尔巴哈不仅批判思辨哲学，而且批判了宗教，正是在这些批判中确立了他的人本主义。他提出哲学是为人的哲学，人的最高本质就是人自身。他反对有神宗教，主张建立一种无神宗教，即"爱"的宗教。他认为对人来说人就是上帝，在实践上，最高的和最根本的规律，也就应当是人对人的爱。马克思深受费尔巴哈的影响，在他成为辩证唯物主义者和历史唯物主义者之前，费尔巴哈的唯物主义和人本主义是他批判黑格尔哲学的主要武器。

所以我们可以说，马克思真正走向共产主义是通过费尔巴哈对黑格尔哲学的克服而实现的。马克思对费尔巴哈的态度，同鲍威尔之流对费尔巴哈采取批驳与否定的态度，截然相反。马克思认为，青年黑格尔派分子施特劳斯和鲍威尔等人，虽然最先举起批判宗教的旗帜，但是不仅他们的观点和方法继续受黑格尔哲学的支配，而且还把黑格尔哲学加以肢解和庸俗化了。所以，马克思在《手稿》中，**对费尔巴哈批判唯心主义、恢复唯物主义的权威的伟大功绩，作了充分的肯定**。认为在德国批判黑格尔的哲学革命是从费尔巴哈开始的。对费尔巴哈批判唯心主义、恢复唯物主义"王位"的伟大功绩，马克思作了充分的肯定（或许有点过高）。马克思说："费尔巴哈是惟一对黑格尔辩证法采取严肃的、批判的态度的人；只有他在这个领域内做出了真正的发现，总之，他真正克服了旧哲学。费尔巴哈成就的伟大，以及他把这种成就贡献给世界时所表现的那种谦虚纯朴，同批判所持的相反的态度形成惊人的对照。"马克思在《手稿》的"序言"中还说："对国民经济学的批判，以及整个实证的批判，全靠费尔巴哈的发现给它打下真正的基础。"

《手稿》中，马克思指出，费尔巴哈（1）证明黑格尔哲学同宗教一样，不过是人的本质的异化的另一种形式；（2）把人与人之间的社会关系当作理论的基本原则，从而"创造了真正的唯物主义和现实的科学。"（3）把"基于自身并且积极地以自身为基础的肯定"即物质世界同"自称是绝对的肯定的东西的那个否定的否定"，即绝对精神对立起来。费尔巴哈把黑格尔的否定的否定看作是在否定神学之后又肯定神学的哲学，但是，还应看到，黑格尔的否定的否定，是他为人的产生的活动、人的发生的历史的"那种历史的运动找到抽象的、逻辑的、思辨的表达。"

《手稿》中这段话有三层意思：其一，费尔巴哈的首要功绩是，证明了黑格尔哲学同宗教一样，不过是人的本质的异化的另一种形式，揭示了黑格尔哲学的唯心主义本质。

费尔巴哈在他的《基督教的本质》中说道："黑格尔式的思辨只是宗教真理之彻底的完成而已"，揭露了唯心主义是宗教世界观的哲学基础，它们都认为抽象的、非感性的、无形的东西是第一性的，都是把人的观念变为独立的实体，并从人的观念中引申出整个具体的经验世界。说明唯心主义哲学同宗教在思想上的血缘关系，所以，黑格尔哲学同样应当受到否定和批判。

二、从"人和人之间的"关系来理解人

其二，把人与人之间的社会关系当作理论的基本原则，从而"创造了真正的唯物主义和现实的科学。"

马克思认为，费尔巴哈哲学的一个重大进步，就在于他把异化了的人的本质，又还原为人的本质。费尔巴哈提出了从"人和人之间的"关系来理解人，而坚决抛弃了那种从"上帝"、"绝对精神"来理解人、人的本质的唯心主义理论。这些观点都给马克思创立自己的历史的辩证的唯物主义以启发。马克思这里所说的"真正的唯物主义"是指研究人们之间社会关系的唯物主义，是彻底的唯物主义；更明确地说，是认为费尔巴哈创立了由马克思本人正在创立的历史唯物主义。可见，马克

思在这里显然是对费尔巴哈作了过高的评价。因为，费尔巴哈所理解的人的社会关系，是脱离社会历史条件的、抽象的人与人之间的关系。或许正是由于这个原因，费尔巴哈尽管有不少唯物史观的观点，但终究没有也不可能创立历史唯物主义。而马克思此时之所以这样评价费尔巴哈，只能表明马克思自己此时关于人们的社会关系的看法，还不够成熟。

三、说明否定之否定充当黑格尔建立神秘体系的手段

其三，把"基于自身并且积极地以自身为基础的肯定"即物质世界同"自称是绝对的肯定的东西的那个否定的否定"，即绝对精神对立起来。

在黑格尔那里，一切真正的存在即绝对的肯定都要经过中介，经过证明的肯定，即否定之否定；但是作为最后结果的东西仍然不过是当作出发点的那个抽象物、空虚的精神。费尔巴哈认为，真正肯定的东西不是经过中介的东西，而是立足于自身之上，以自身为基础的肯定，即是一种具有感性确实性的东西。这就是说，费尔巴哈从唯物主义立场出发，同黑格尔唯心主义辩证法对立起来。

费尔巴哈把黑格尔的否定的否定看作是在否定神学之后又肯定神学的哲学，但是，他没看到黑格尔的否定的否定，是他为人的产生的活动、人的发生的历史的"那种历史的运动找到抽象的、逻辑的，思辩的表达。"关于费尔巴哈对黑格尔辩证法的解释，马克思作了这样的归纳："由此可见，费尔巴哈把否定的否定仅仅看做哲学同自身的矛盾，看做在否定神学（超验性等等）之后又肯定神学的哲学，即同自身相对立而肯定神学的哲学。"

在这一论述中，马克思既肯定了费尔巴哈的功绩，即费尔巴哈说明了否定之否定在黑格尔那里，如何充当建立神秘体系的手段，又指明了

费尔巴哈并没有理解黑格尔的否定之否定的全部含义，或者说，他不懂得黑格尔的辩证法，指出费尔巴哈只看到了黑格尔以否定之否定为框架的唯心主义哲学的消极面，只是从唯物主义和唯心主义对立的基础上来批判黑格尔哲学，没有把黑格尔的唯心主义体系和他的辩证法思想加以区别。这说明，费尔巴哈对客观事物的矛盾运动规律缺乏认识。

第二节　马克思对费尔巴哈的赞同态度

一、思想上没有离开费尔巴哈人本学唯物主义旧基地

来自费尔巴哈的异化概念　马克思和费尔巴哈一样都使用异化概念，马克思《手稿》中的异化概念最接近费尔巴哈。马克思的异化概念与费尔巴哈的异化概念尽管含义不同，但是类似的。费尔巴哈的异化宗教异化，费尔巴哈要实现从人的宗教异化状态向感性、自然属性的人的复归，费尔巴哈用异化批判宗教；马克思的异化是异化劳动，既资本主义社会工人的劳动是异化劳动，工人失去类本质，所以，资本主义必然灭亡，而共产主义对人的类本质的复归，马克思用异化批判资本主义，论述共产主义。虽然马克思实现了由费尔巴哈的宗教异化马克思的劳动异化，有创新；但二人思路一致，都用异化起批判作用这一点没变。

来自费尔巴哈的类本质概念　《手稿》时期，马克思和费尔巴哈一样都使用类本质概念，马克思《手稿》中的类本质概念来自费尔巴哈。**马克思《手稿》中，讲人的共性、抽象的类、类本质**，人的类本质是人的自由、自觉的活动、劳动。应当承认，人有共同的类本质。问

题是，抽象的类本质是存在于现实的人中的。马克思《手稿》时期还只是立足于抽象的类本质。力图从抽象的类本质推导出共产主义和全部理论。只具有抽象类本质的人还是抽象的人，而不是现实的具体的人。

费尔巴哈讲人的类本质，马克思也讲人的类本质，马克思与费尔巴哈的思维方式相同，且一样具有抽象性；但是，马克思与费尔巴哈的类本质有有所不同：费尔巴哈的人的类本质是指人的自然属性、友谊、爱情，马克思人的类本质是指人的自由、自觉的活动、劳动，且费尔巴哈的类本质理论是为了批判宗教的，是要实现从宗教异化人的状态向感性自然人的复归，马克思的类本质理论是为了批判资本主义制度的，是要实现从工人失去类本质的资本主义社会向人的本质复归和对人的本质的真正占有的共产主义社会的迈进。

人的类本质到底该是什么？费尔巴哈的人的自然属性不对，因为自然属性是人和动物所共有的，以自然属性无法区别人和动物。马克思以抽象性、理想性的假设——自由、自觉的活动、劳动定义人的类本质也不行。《辞海》中，人是会制造和使用工具，有语言、会思维的动物，好像也不行，因为我们发现，一些动物也会制造简单的工具。人们骂人说你不是人，是说你不会制造和使用工具，不会说话吗？显然不是。我想，人的类本质应为是从道德层面、精神信仰层面上定义人，因为这才能区别人和动物。

马克思类本质理论为全面、具体地把握人的本质，特别是把握人的二重性本质提供了理论和方法论基础。人的二重性本质是指，人既具有自然属性、生物属性，又具有社会属性。费尔巴哈找到了人的自然属性，马克思找到了劳动、实践，尽管此时马克思理解的劳动、实践具有理想性、抽象性，但是，从劳动入手，离 1845 年春《关于费尔巴哈的的提纲》发现人的社会关系本质就非常接近了。

马克思的人的类本质理论以劳动、实践为出发点，解释人，解释人与自然的关系，解释自然与社会的关系，为历史唯物主义的创立奠定了基础。

虽然马克思实现了由费尔巴哈友谊、爱情的类本质马克思劳动类本质，有创新；但用类本质起批判作用这一点没变。

《手稿》中，马克思比费尔巴哈有进步、有创新，但在总体上没有超出费尔巴哈，没有离开费尔巴哈人本学唯物主义旧基地，这体现在马克思的异化劳动理论和类本质理论上。

二、自我意识中认同费尔巴哈

《手稿》时期，马克思在自我意识中认同费尔巴哈，通过《手稿》中马克思对费尔巴哈的评价可以证明这一点，《手稿》中马克思说："费尔巴哈是唯一对黑格尔辩证法采取严肃的、批判的态度的人；只有他在这个领域内作出了真正的发现，总之，他真正克服了就哲学。""费尔巴哈的伟大功绩在于：创立了真正的唯物主义和实在的科学，因为费尔巴哈也使'人与人之间的社会关系'成了理论的基本原则。"

按照马克思在《手稿》中的论述，我们可以做如下推论：

A 如果说费尔巴哈真正克服了旧哲学，那么马克思这时理解的旧哲学是不包括费尔巴哈的哲学的。也就是说，马克思这时认为，费尔巴哈的哲学就是新哲学。

B 如果说费尔巴哈创立了真正的唯物主义，那么马克思当时认为的真正的唯物主义也就是费尔巴哈的唯物主义，而不是马克思在《德意志形态》中创立的历史唯物主义。

C 如果说费尔巴哈使人与人之间的社会关系成了理论的基本原则，那么，马克思这时理解的社会关系，肯定没有超出费尔巴哈理解的社会关系，即后来马克思和恩格斯批判的：自然的关系，如男女关系以及情感上的关系等。

由此可见，《手稿》时期马克思基本上还是站在费尔巴哈的立场上评价费尔巴哈的。

自《德法年鉴》时期马克思全面转向费尔巴哈哲学以来，《手稿》（以及稍后的《神圣家族》）对费尔巴哈的评价达到前所未有的高度；但是第二，仅仅在《手稿》完成之后的几个月，马克思便以其著名的十一条论纲（以及稍后的《德意志意识形态》），对费尔巴哈哲学实施了全面的清算。这两个方面所构成的问题必定以某种方式隐藏在《手稿》的哲学原则中，因为否则的话，马克思的哲学革命就变得完全不可理解了，就只能被归诸某种"破天荒的"或"奇迹般的"东西了。

《手稿》《提纲》马克思对待费尔巴哈态度的转变图表

	对费尔巴哈态度	体现态度的文本根据	结果
《手稿》	肯定	"费尔巴哈是唯一对黑格尔辩证法采取严肃的、批判的态度的人；只有他在这个领域内作出了真正的发现，总之，他真正克服了就哲学。""费尔巴哈的伟大功绩在于：创立了真正的唯物主义和实在的科学，因为费尔巴哈也使'人与人之间的社会关系'成了理论的基本原则。"	《手稿》中没有脱离费尔巴哈人本学唯物主义旧基地。
《提纲》	批判	"从前的一切唯物主义（包括费尔巴哈的唯物主义）的主要缺点是……""因此，费尔巴哈没有看到……"《提纲》的每一条都是针对、批判费尔巴哈的。	创立了马克思新哲学。

第八章
《手稿》对国民经济学的评论

第一节 对亚当·斯密古典经济学的评论

亚当·斯密是英国古典经济学的创立者之一，斯密在经济学界的地位无人可替代，他的《国富论》在经济学领域影响极为深远。同时，亚当·斯密在伦理学领域的建树也十分出名，他的《道德情操论》至今依然是经典之作。他的这两篇著作不仅影响了整个时代，而且至今仍然是值得研读的经典之作，更是学习经济学的必读书目。

对于渴望探寻经济学奥秘的年轻马克思，对斯密经济思想的学习更是不能越过，可以说，马克思能够建立自己的经济学思想，离不开斯密、李嘉图等经济学家思想上的支持。马克思主义政治经济学的主要来源就是英国的古典经济学，如亚当斯密、李嘉图等的古典经济学流派。

古典经济学也就是资产阶级古典经济学，是西欧资本主义产生时期的资产阶级政治经济学。古典经济学产生于 17 世纪中叶，完成于 19 世纪初。主要成果是奠定了劳动价值论的基础，并在不同程度上探讨了剩余价值的各种形式，如利润、利息和地租等问题。受资产阶级立场和历史条件的限制，它不了解资本主义发展规律，把资本主义经济关系和各种经济范畴都看成是自然的、永恒的，不可避免地存在着庸俗的因素。在英国，古典经济学从威廉－配第（1623 — 1687）开始，亚当·斯密（1723 — 1790）是其集大成者，它的完成者是大卫·李嘉图（1772—1823）。在法国，是从比埃尔·布阿吉尔贝尔开始，经以弗朗斯瓦·魁奈为代表的重农学派的发展，它的完成者是西蒙·西斯蒙第。古典经济学产生于资本主义生产方式逐步取得统治地位的时期，这个时期的主要阶级矛盾是资产阶级与封建地主阶级之间的矛盾。古典经济学代表了这个时期的资产阶级利益，并成为资产阶级反对封建制度及其残余的理论武器。

古典经济学是经济学的早期形态之一，它是对重商主义进行批判的基础上建立的。古典经济学认为，一个国家相对于其他因素，国家权力十分重要，但是国家乃至国际的经济条件、经济制度，特别是市场则更为重要。在经济生活中，起决定作用的并非国家的政治权力，而是市场。它的基本特征是认为经济决定政治，它信奉经济自由主义，推行市场这只"看不见的手"。它最先出现于工业革命时的英国，后来扩展到欧美，亚当·斯密等是其代表人物。

关于《手稿》中马克思对斯密的评价，就不得不提到重商主义和重农主义。因为斯密在私有财产和劳动方面的思想也是发展和继承了重商主义和重农主义的思想观点而提出来的。

重商主义和重农主义是资产阶级经济学的开端，是对资本主义生产方式所作的最初的理论考察。

重商主义是在资本主义的原始积累时期发展起来的一种资产阶级经济理论。重商主义只承认贵金属是财富的存在，强调积累金银货币和对外贸易的重要性，把金银看作是财富的唯一形式，认为国家的繁荣依赖于资本（贵金属）的供应。他们研究的对象是流通，是商业资本运动的表面现象，它把观察到的这些流通领域的现象加以分类和解释，制定出相应的经济政策。他们的目的是为了给商业资本家提供一套货币"产生"货币的方法。他们认为，贸易的全球规模是不可改变的，只有真正实现为货币的东西才是财富，财富就是货币，利润是商品转手时贱买贵卖的结果；他们把流通看作是利润的直接来源。他们认为，只有各国之间的流通才是财富的源泉。因为国内的流通只是把货币从一人转移到另一人，对这个国家来说既没有增加财富，也没有减少财富。反之，对外贸易则可以增加一国的货币量。因此，他们主张在国家的支持下发展对外贸易，强调对外贸易的差额必须是顺差，这样才是对国家有利的，即应当少向外国人购买，多向外国人销售。

由于重商主义把私有财产仅仅看作存在于人之外的财富，不注意生产本身，不认为生产的发展是社会财富的源泉，而把追求货币顺差或贸易顺差看作是积累财富的源泉，把积存货币宣布为最高目的，所以启蒙国民经济学家把重商主义的信徒称为拜物教徒。他们只看到社会财富的物的形式，而看不到它的社会本质。所以，马克思说他们把私有财产看作"仅仅是人之外的一种状态的国民经济学。"

英国古典经济学家亚当·斯密批判地继承和丰富发展了重商主义和重农主义的经济学思想。马克思在《手稿》里虽然还没有全面系统地批判分析亚当·斯密理论的一切积极成果，但是肯定了斯密理论的功绩：**斯密反对重商主义的拜物教，把劳动看作财富的唯一的本质因素，**扬弃了"财富的这种外在的、无思想的对象性"，把人本身看作私有财产的规定。即斯密把"私有财产的主体本质，作为自为的活动，作为主体、作为个人的私有财产，就是劳动。"这是斯密最大的最积极的理论成果。马克思认为"只有那种把劳动视为自己的原则"的亚当·斯密的理论，才是反映了资本主义经济运动规律的意识形态。

《国富论》一书是斯密最具影响力的著作，这本书对于经济学领域的创立有极大贡献，使经济学成为一门独立的学科。在西方世界，这本书甚至可以说是经济学所发行过最具影响力的著作。《国富论》一书就是针对重商主义最经典的反驳。他在书中一开始就宣布财富的来源是劳动。并且针对着重商主义和重农主义的错误观点，特别强调提出，不管是农业中的劳动，还是工业中的劳动，任何地方的劳动都是财富的创造者。他把劳动生产作为建立自己的政治经济学理论体系的基本原则。这些思想反映了亚当·斯密对资本主义生产方式的认识比之于重商主义、重农主义是深化了，前进了。所以马克思充分地肯定了亚当·斯密的学说，肯定了他的学说对推动资本主义经济发展的积极作用。马克思说："因而，十分明显，只有那种把劳动视为自己的原则（亚当·斯密），也就是说，不再认为私有财产仅仅是人之外的一种状态的国民经济学，才应该被看成私有财产的现实能量和现实运动的产物（这种国民经济学是在意识中形成的、私有财产的独立运动，是现代工业本身）、现代工业的产物；而另一方面，正是这种国民经济学促进并赞美了这种工业的能量和发展，使之变成意识的力量。"

虽然亚当·斯密在批判重商主义和重农主义的基础上，发展了经济学，但他仍然是一个资产阶级的经济学家。马克思具体剖析了他的学说的资产阶级性质。

马克思指出，从表面现象来看，国民经济学是以劳动为原则，提高了人的地位，并宣布人是财富的创造者。但是，从实质上看，"不过是彻底实现对人的否定而已"。这是因为它所讲的劳动是资本主义条件下的雇佣劳动，是异化劳动。**马克思说："以劳动为原则的国民经济学，在承认人的假象下，无宁说不过是彻底实现对人的否定而已，因为人本身已不再同私有财产的外在本质处于外部的紧张关系中，而人本身却成了私有财产的紧张的本质。以前是人之外的存在，人的实际外化的东西，现在仅仅变成了外化的行为，变成了外在化。"** 即是说，按照亚当·斯密的说法，资本是积累的劳动，劳动是资本的本质，这实际上是赋予资本主义私有财产一种活的、能够自行保存和自行增殖的能力和意志。对工人来说不过是人的本质的异化，对人的本质的彻底否定。不仅如此，亚当·斯密还把这种异化劳动说成是普遍的、永恒的存在的，是唯一的政策。因此，马克思评论说：斯密的理论必然是从承认人、承认人的的独立性和自我活动等等的表象下开始的。

第二节　对大卫·李嘉图经济学体系的评论

大卫·李嘉图是英国古典经济学的完成者，英国古典经济学在李嘉图那里达到顶峰。他集英国古典经济学的大成，创立了劳动价值论，建立起资产阶级经济学的科学理论体系。从亚当·斯密到大卫·李嘉图，中间相隔不到半个世纪，但是这个时期英国社会经济发生了极为巨大的变化，英国产业革命蓬勃进行、产业资本同封建残余势力进行斗争、为自己的发展奠定了物质基础。李嘉图继承和发展了斯密经济理论中的精华，进行了深刻研究，并于1817年出版了《政治经济学及赋税原理》，把古典经济学推向了最高峰。

《政治经济学及赋税原理》以功利主义为出发点，把个人利益看作是经济活动的出发点和准则。在他看来，资本家发展生产时追求的是个人利益，是利润。利润又是资本积累的源泉和扩大生产的条件，只有利润增加才能保证生产力发展，财富增加。因此，资本的利益不仅代表资本家自身的利益，同时代表了全社会的利益。但是他认为地主阶级的利益和社会的利益是矛盾的。他的主张实际上是资产阶级的功利主义，其功利主义原则服从于资本扩大自身利益和反对地主阶级的要求。

斯密生活的年代正处于英国产业革命的前夜，是处于英国手工工场时期。那时的英国工业资产阶级还没有和土地占有者的利益发生尖锐的矛盾。亚当·斯密拥护工业发展的时候，对土地所有者的利益未加触犯。而李嘉图所处的时期则不同，他生活的年代正是英国产业革命蓬勃发展时期。由于工业革命的发生，全国的资本主义工业获得突飞猛进的发展，这种生产力的发展要求彻底消灭封建的土地所有制。李嘉图在他的《政治经济学和赋税原理》中鲜明地反映了资本主义经济发展的这种要求，反对封建土地所有制。因此，李嘉图的理论遭到了封建土地所有制的拥护者的攻击。所以马克思在谈到李嘉图的学说时说："它还致命地打击了私有财产和财富泉源的最后一个个别的、自然的、不依赖于劳动运动的存在形式即地租。"

根据资本主义经济发展的要求，李嘉图的学说比斯密的学说发展得更加彻底、更加真实。马克思在评论李嘉图学派时说："不顾这种学说使它陷入的那一切表面的矛盾，十分片面地，因而也是更加明确和彻底地发挥了关于劳动是财富的唯一本质的论点"。马克思在肯定李嘉图的经济学说的历史作用的同时，又指出，李嘉图的理论的局限性。首先他把资本主义生产方式及其发展规律，看作是一切社会的生产方式和发展规律。他虽然分析了价值、工资、利润和地租等范畴，但是却从不注重这些范畴的历史起源。他虽然指出了工资和利润、利润与地租之间的对立，但却把这些只看作是社会所固有的、自然存在的东西。其次，他把资本主义生产关系看作是固定不变的，这样就看不到反映资本主义生产关系的经济范畴在资本主义条件以内，由于生产关系变化而引起的变形和复杂化。所以，李嘉图的理论把资本与劳动，资产阶级对无产阶级的这种对抗性的剥削关系，毫不掩饰的、赤裸裸地暴露出来了。马克思说："从斯密经过萨伊到李嘉图、穆勒等等，国民经经济学的犬儒主义不仅相对地增大了（因为工业所造成的后果在后面这些人面前以更发达和更充满矛盾的形式表现出来），而且他们总是积极地和自觉地在人的异化方面比他们的先驱者走得更远，但这只是因为他们的科学发展得更加彻底、更加真实罢了。"

马克思同时指出资产阶级经济学带有它不可能克服的局限性，即资产阶级经济学理论包含着矛盾。他们一方面把劳动看作是财富的唯一本质，认为一切财富都是劳动创造的，另一方面他们又认为劳动者的非人化的状况、异化的状况是理所当然的。这显然是一种自我矛盾，马克思认为，这种理论上的矛盾正是对客观的资本主义经济自身矛盾的反映。所以马克思说，国民经济学本身的支离破碎的原则，不过是支离破碎的工业现实的反映。

第三节　对魁奈重农主义的评论

弗朗斯瓦·魁奈是资产阶级古典经济学奠基人之一，法国重农学派的创始人和重要代表。

魁奈所处的时代是法国资本主义制度处于萌芽阶段，在封建制度下，农业是整个经济的基础，加工工业不过是农业的附属物，商业和货币资本都遭到鄙视。所以重农学派一开始就鲜明地、尖锐地和重商主义相对立。他把从事农业活动的阶级叫做生产者阶级，其他阶级都叫做非生产者阶级。魁奈的重农理论将经济行动者分为三阶级：资产阶级的地主、有生产力的农业劳动者、及无生产力的工匠及商人。认为物质才是财富，只有农业才能使财富增加，工业只能改变财富的形态，不能增加财富的数量，服务业更不能增加财富的数量。

从总体上来说，重农主义者认为，经济活动的主要动力是来自农业生产的盈余，而其它的如工资、消费、地租是这盈余的转化及衍生活动。在政策方面，为鼓励生产创造真正的物质财富，国家征的税应主要在土地拥有者而非农业劳动者上，并要求国际的农粮贸易要自由化并免除关税。认为国家的财富决定于农业生产。其他的经济活动，如制造，被看作是利用农业产品的盈余部分，将其转化为另外的产品形式，用盈余的农产品养活从事制造的工人。虽然制造业和其他非农业工人还是有其用途，他们的收入并非最终来源于他们的劳动，而是农产品盈余部分的转化。

马克思在《手稿》中重点考察了重农学派和魁奈对生产劳动的看法。他第一次揭示了从重商主义发展到重农学派的过程。他指出："魁奈医生的重农主义学说是从重商主义到亚当·斯密的过渡。重农学派直接是封建所有制在国民经济学上的解体"。正因为如此，它同样是封建所有制在国民经济学上的变革、恢复，不过它的语言这时不再是封建的，而是经济学的了。

马克思还比较分析了重商主义和重农主义观点的异同，指出重商主义者只承认贵金属是财富的存在。而重农主义则前进了一步，认为全部财富被归结为土地和耕作（农业）。马克思肯定了这种说法比之于重商主义是一种进步。重农学派认为，土地只有通过劳动、耕种才对人存在。因此，财富的主体本质已经移入到劳动中，这一点具有重要的历史进步意义。既然他们把劳动宣布为财富的本质，也就否定了特殊的外部的、纯对象性的财富。但农业同时被宣布是惟一的生产的劳动。他认为农业的"纯产品"应该全部交给封建地主，否则生产就不能发展。这样，魁奈的经济思想不可避免的就带有封建主义的外观。最后，马克思对魁奈重农主义作了一个总的概括，指出："他们既然把生产（农业）说成是地产的本质，也就消除了地产的封建性质，但由于他们宣布农业是唯一的生产，他们对工业世界持否定态度，并且承认封建制度。"这就是说，魁奈的重农主义虽然实质上反映了法国资本主义经济的特点，但是又给人以维护封建制度的外观这样一种矛盾状况。所以，对于它的历史地位，马克思指出，它直接是封建所有制在国民经济学上的解体，因为它既然把农业生产说成是地产的本质，这就消除了地产的封建性质。但由于它宣称农业是唯一的生产，对工业世界持否定态度，所以马克思又把它称作是封建所有制在国民经济学上的变革、恢复。值得关注的是，**魁奈的重农主义学派第一次把资产阶级经济学的研究从流通领域**

引入生产领域。这一点无疑是资产阶级经济思想发展史上的一个重大进步。

马克思指出，斯密和李嘉图已经从经济学上论证了农业与其他生产部门没有区别，并得出结论说，"财富的本质不是某种特定的劳动，不是与某种特殊要素结合在一起的、某种特殊的劳动表现，而是一般劳动"。其中地产只是私有财产的第一个形式，而工业在历史上最初仅仅作为财产的一个特殊种类与地产相对立。而劳动最初也是以农业劳动的形式出现的，后来才作为"一般劳动得到承认"。在资本主义下，工业的主体本质也同时包含着地产的主体本质。因此，一切财富都成了工业的财富，成了劳动的财富，而工业是完成了的劳动，正像工厂制度是工业即劳动的发达的本质，而工业资本是私有财产的完成了的客观形式一样。而"只有这时私有财产才能完成它对人的统治，并以最普遍的形式成为世界历史的力量"。

通过马克思对斯密、李嘉图和以魁奈为代表的重农学派的理论研究中可以看出，马克思从生产劳动、一般劳动（抽象劳动）和特殊劳动方面，基本上总结了古典经济学对此问题的认识上的统一性、差别及其演变。在这里，马克思提示了他后来的**经济思想史中发展的四个阶段：重商主义、重农主义、斯密和李嘉图**。而且指出，他们的学说分别以商业资本、农业资本和工业资本为基础。马克思认为私有财产有一个发展过程，而其最高和普遍的形式是工业资本。

第九章
《手稿》《提纲》《形态》与
马克思思想的转变

1844 年 4—8 月，马克思写作《1844 年经济学哲学手稿》；1845 年春，马克思写作《关于费尔巴哈的提纲》；1845 年 9 月—1846 年，马克思写作《德意志意识形态》。1844—1846，26—28 岁年轻的马克思思想处于急剧变化时期。《手稿》同之后的《关于费尔巴哈的提纲》（以下简称《提纲》）、《德意志意识形态》（以下简称《形态》）相比，思想观点发生巨大变化。把《手稿》、《提纲》、《形态》的思想观点联系起来、拓展开来研究，进行比较，有助于我们准确理解《手稿》思想，有助于正确评价《手稿》地位，有助于把握马克思早期思想发展脉络。

第一节　《手稿》《提纲》《形态》与
马克思的思想转变

一、异化思想的转变

在《手稿》中，异化概念是一个核心概念。这个概念与黑格尔、费尔巴哈的异化概念尽管含义不同，但是类似的。黑格尔思想体系是绝对精神的自我异化和复归，费尔巴哈的异化是从宗教异化向感性、自然属性人的复归，马克思的异化是人对人的类、类本质（自由自觉的活动）的异化，和共产主义对人的类本质的复归。《手稿》用异化解释国民经济学、解释私有制，用抽象的人解释具体的东西。

在《形态》中马克思倒转过来，用分工、用生产力与交往关系的矛盾揭示人的异化状态。但这里已经尽量少用异化概念，甚至抨击这个概念。马克思除非另加按语，否则就不再使用这一概念。如："用哲学家们易懂的话来说"①、"如果暂时还有一下这个哲学术语"② 马克思在分析分工造成的社会力量对个人的异己性之后说："这种'异化'（用哲学家易懂的话来说）当然只有具备了两个实际前提之后才能消灭"。③

在马克思后期的著作中，在描述劳动中工人与他的劳动条件、劳动产品发生对立的现象时，马克思仍然使用异化概念。如：在资本主义大机器生产条件下，把工人贬低为机器的附属品，"并且随着科学作为独立的力量被并入劳动过程而使劳动过程的智力同工人相异化。"④ 又如："资本主义生产方式使劳动条件和劳动产品具有和工人相独立、相异化的形态，随着机器的发展而发展成为完全的对立。"⑤ "工人本身不断地把客观财富当作资本、当作同他相异化的、统治他和剥削他的权力来生产……"⑥ 马克思在后期著作中，在说明劳动同他的产品、生产资料相对立、工人同资本家相对立的现象时仍然使用异化概念。

与手稿不同的是：《德意志意识形态》时期及以后，马克思不是把异化作为原理，从异化推导出阶级对立，而是在分析这种对立的基础

① 《马克思恩格斯全集》第 42 卷，第 39 页。
② 《马克思恩格斯全集》第 42 卷，第 316 页。
③ 《马克思恩格斯选集》第 1 卷，第 39 页
④ 《马克思恩格斯全集》第 23 卷，第 708 页。
⑤ 《马克思恩格斯全集》第 23 卷，第 473 页。
⑥ 《马克思恩格斯全集》第 23 卷，第 626 - 627 页。

上，用异化概念表达这种现象。后期，关于人的类本质的异化和复归的讲法已经没有了。

《手稿》《形态》对于"异化"认识的转变比较表

	异化概念的使用方式	异化理论在书中的地位	异化思想使用的目的
《手稿》对异化的认识	用异化解释国民经济学、解释私有制，用抽象的人解释具体的东西	核心概念	把异化作为原理，从异化推导出阶级的对立
《形态》对异化的认识	用分工、用生产力与交换关系的矛盾揭示人的异化状态	很少使用异化概念	在分析阶级对立基础上，用异化概念描述这种现象

二、共产主义理论基础的转变

《手稿》时期的马克思认为，资本主义社会工人的异化劳动违背人的类本质——自由、自觉的活动，工人失去人的类本质，工人劳动不是自由、自觉的活动，而是当牛做马，处于非人状态，违背人性、不道德、不人道，所以，资本主义制度应该灭亡，共产主义是向人的本质复归和对人的本质的真正占有，所以，要实现共产主义，马克思指出："共产主义是私有财产即人的自我异化的积极扬弃，因而是通过人并且为了人而对人的本质的真正占有。因此，它是人向自身、向社会的（即人的）人的复归，这种复归是完全的、自觉的而且保存了以往发展的全部财富的。这种共产主义，作为完成了的自然主义，等于人道主义，而作为完成了的人道主义，等于自然主义，它是人和自然之间、人和人之间的矛盾的真正解决，是存在和本质、对象化和自我确证、自由和必然、个体和类之间的斗争的真正解决。"《手稿》把资本主义制度的批判和对共产主义的论述建立在人道主义基础之上。

《手稿》中马克思人的类本质理论的思路是：

类本质	→	类本质异化	→	类本质复归
自由自觉的活动、劳动	→	劳动异化	→	劳动成为第一需要
理想假设	→	资本主义社会	→	共产主义社会

马克思的《手稿》是立足于抽象的人道主义的。把人的本质归结为类本质，讲"人"这个"类"的共性、一般，这是其理论出发点，把不符合抽象的类本质的资本主义私有制关系归结为人的本质的异化，即对人的类本质的背离，而共产主义则被看成是对人的类本质的复归。是立足于这个一点论述的，这完全是立足于价值的、伦理的、人道的尺度对资本主义社会的评价、对共产主义的论述。

人的本质 = 类本质→人的类本质异化——资本主义→人的本质复归——共产主义

应当承认，人有共同的类本质。问题是，抽象的类本质是存在于现实的人之中，类的共性存在于个性的人之中。马克思《手稿》时还只是立足于抽象的类本质，力图从抽象的类本质推导出共产主义和全部理论。这种人是抽象的人，是抽象的人类共同性，而不是现实的、具体的、活生生的人。抽象的人类共同性与成熟的马克思主义哲学——历史唯物主义的基本出发点——现实的、具体的、活生生的人是完全不同的。

《手稿》用类本质的异化和复归批判资本主义、论述共产主义，《德意志意识形态》用社会规律批判资本主义、论述共产主义，使共产主义理论是建立在社会历史规律基础之上。

三、对"人"认识的深化

马克思主义不是人学的空场，马克思早期著作中充满人学思想。

马克思《手稿》中，讲人的共性、抽象的类、类本质 人的类本质是人的自由、自觉的活动、劳动。《手稿》时期马克思和费尔巴哈一样讲人的类本质，虽然，马克思的类本质与费尔巴哈类本质有所不同。

《提纲》批判抽象的类，揭示人的社会关系本质 但是，到了《提纲》时期，马克思思想发生转变，明确地批判费尔巴哈的类本质理论，批判费尔巴哈把人"理解为'类'，理解为一种内在的、无声的、把许多个人自然地联系起来的普遍性。"《提纲》批判抽象的类，揭示人的社会关系本质，给人的本质下了著名的定义："人的本质不是单个人所固有的抽象物，在其现实性上，它是一切社会关系的总和。"

应当承认，人有共同的类本质。问题是，抽象的类本质是存在于现实的人中的。马克思这时还只是立足于抽象的类本质。力图从抽象的类本质推导出共产主义和全部理论。这种人是抽象的人，而不是现实的具体的人。

《形态》时期，马克思强调有生命的"个人" 到《形态》时期，马克思对旧哲学抽象的类、类本质的观点进行批判。在个人和类的关系中，马克思是用现实的个人去解释类，批判的是用类解释个人的观点。《形态》中马克思强调了"个人"，否定抽象的类；"任何历史的第一个前提无疑是有生命的个人的存在"①。第一，现实的人是个人，不是抽象的类；第二，现实的人是在历史中活动的个人，强调"活动"，否定费尔巴哈的感性存在的人。在德意志形态中，马克思说："这里所说的个人不是他们自己想象中个人，而是现实中的个人，也就是说，这些个人是从事活动的，因而是在一定的物质的、不受他们任意支配的界限、前提和条件下能动地表现自己的。"② 第三，现实的人是在具体的条件制约下的个人。具体条件指生产力、社会交往方式等，强调历史条件制约下人的历史性，否定"理想性的人"。"他们是什么样的，这同他们

① 《马克思恩格斯选集》第 1 卷，第 24 页。
② 《马克思恩格斯选集》第 3 卷，第 30 页。

的生产是一致的——既和他们生产什么一致，又和他们怎样生产一致。因此，个人是什么样的，这取决于他们进行生产的物质条件。"① 第四，现实的人是是通过经验观察到的发展过程中的人。强调"发展"，人的本质是变化的，否定永恒的人的本质。第五，现实的人是社会的人，不是离群索居的人。这种观察方法不是没有前提的。它从现实的前提出发，而且一刻也不离开这种前提。它的前提是人，但不是处在某种幻想的与世隔绝、离群索居状态的人，而是处在一定条件进行的现实的、可以通过经验观察到发展过程中的人"。②

总而言之，《手稿》中的人是具有抽象类本质、共性的人；《提纲》中的人是社会实践活动中具有社会关系本质的人；《形态》中的人是现实的具体个人，强调人的差异性、历史性、时代性、社会性，社会性和历史性是现实的人的根本性质。

《手稿》《提纲》《形态》关于"人"的认识转变比较表

《手稿》对"人"的认识	《提纲》对"人"的认识	《形态》对"人"的认识
抽象类本质的人 人的本质归结为人的共性、类本质，抽象的人道主义。	社会性、社会关系中的的人 人的本质不是单个人所固有的抽象物，在其现实性上是一切社会关系的总和。	现实的个人 具体的人，历史活动中的人，具体社会历史条件制约下的人，发展过程中的人。

① 《马克思恩格斯选集》第 1 卷，第 25 页。
② 《马克思恩格斯选集》第 1 卷，第 31 页。

四、对待费尔巴哈态度的转变

《手稿》认同费尔巴哈 《手稿》时期，马克思对待费尔巴哈是一种完全认同、赞赏的态度，《手稿》中马克思充分肯定费尔巴哈从唯物主义出发批判黑格尔哲学的伟大功绩。马克思认为"费尔巴哈是唯一对黑格尔辩证法采取严肃的、批判的态度的人；只有他在这个领域内作出了真正的发现，总之，他真正克服了就哲学。""费尔巴哈的伟大功绩在于：创立了真正的唯物主义和实在的科学，因为费尔巴哈也使'人与人之间的社会关系'成了理论的基本原则。"《手稿》中，马克思没有离开费尔巴哈人本学唯物主义旧基地。按照马克思在《手稿》中的论述，我们可以做如下推论：

A 如果说费尔巴哈真正克服了旧哲学，那么马克思这时理解的旧哲学是不包括费尔巴哈的哲学的。也就是说，马克思这时认为，费尔巴哈的哲学就是新哲学。

B 如果说费尔巴哈创立了真正的唯物主义，那么马克思当时认为的真正的唯物主义也就是费尔巴哈的唯物主义，而不是马克思在《德意志形态》中创立的历史唯物主义。

C 如果说费尔巴哈使人与人之间的社会关系成了理论的基本原则，那么，马克思这时理解的社会关系，肯定没有超出费尔巴哈理解的社会关系，即后来马克思和恩格斯批判的：自然的关系，如男女关系以及情感上的关系等。

由此可见，《手稿》时期马克思基本上还是站在费尔巴哈的立场上评价费尔巴哈的。

马克思比费尔巴哈有进步、创新，又没有离开费尔巴哈哲学旧基地，这体现在马克思的异化劳动理论和类本质理论上。马克思实现了由费尔巴哈的宗教异化马克思的劳动异化，由费尔巴哈的友谊、爱情的类本质马克思劳动类本质，有创新；但用异化、类本质起批判作用这一点没变。

《提纲》从实践和主体方面批判费尔巴哈 《提纲》中马克思对费尔巴哈却是一种批判态度。《提纲》共十一条，每条都是针对费尔巴哈旧唯物主义提出来的。马克思从实践和主体方面对费尔巴哈哲学进行了批评，认为费尔巴哈对实践的理解存在缺陷，没有从实践角度理解世界。《提纲》马克思批判费尔巴哈把人"理解为'类'，理解为一种内在的、无声的、把许多个人自然地联系起来的普遍性"。

五、对于实践认识的深化

马克思在《手稿》中把实践等同于劳动，**具有理想性、抽象性** 《手稿》时期，实践被马克思理解为劳动，把劳动和实践混用，劳动、实践不分，一会儿劳动，一会儿实践；《手稿》时期，马克思把实践看成是人区别于动物的自由、自觉的活动。

《提纲》中，马克思把实践理解为人能动性、主体性、感性的、客观现实性、社会性、对象性的活动。社会生活的本质是实践的，社会意识依赖社会实践；社会历史是由人类的实践活动构成的，实践构成了全部社会关系，是全部社会关系的发源地。实践具有社会性原则。

实践

《手稿》《提纲》马克思对于实践认识的转变图表

	对实践的理解	对实践描述	实践的特性
《手稿》对实践的认识	实践等于劳动	抽象的假设	超社会性
《提纲》对实践的认识	能动性、主体性的活动	具体的社会关系中的	社会性

六、马克思实现的六个思想转变

从《手稿》到《德意志意识形态》短短的二年时间马克思思想就实现了以下六个转变：

1. 从《手稿》抽象的"社会一般"到《形态》具体的"社会形态"的转变；

2. 从《手稿》抽象的类、类本质到《形态》现实的个人的转变；

3. 从《手稿》单纯的价值的、伦理的、人道主义的原则到《形态》建立在历史规律基础上的历史科学的分析与价值、人道主义的统一的理论原则的转变。

4. 从《手稿》一般的"存在和意识"关系到《形态》"社会存在和社会意识"关系的转变。

5. 从《手稿》赞同费尔巴哈旧唯物主义到《形态》批判费尔巴哈，创立马克思新唯物世界观的转变。

6. 从《手稿》以异化劳动为武器论证私有制，批判资本主义制度到《形态》只用异化描述现象，并且很少使用异化概念的转变。

从《手稿》到《形态》马克思实现的六个思想转变图表

	《手稿》	《形态》
①对社会的认识	抽象的"社会一般"	具体社会形态
②对人的认识	抽象的类、类本质	现实的个人
③理论原则	价值的、伦理的、人道主义的原则	建立在历史规律基础上的历史科学的分析与价值、人道主义的统一的原则

	《手稿》	《形态》
④对于"存在和意识"	"存在和意识"的关系	"社会存在和社会意识"的关系
⑤对待费尔巴哈态度	赞同费尔巴哈	批判费尔巴哈
⑥异化的使用	用异化批判资本主义制度	只用异化描述现象，很少使用异化概念

第二节 《手稿》《提纲》《形态》在马克思主义发展史上的地位

一、《手稿》——早期不成熟著作，走向历史唯物主义的出发点

第一，《手稿》中的异化概念，是一个价值的、伦理的人道主义的概念。它所表达的只是社会历史'应当'是什么样的，所谓"异化"就是对人来说"不应当"。这还没有表达历史"现实""是什么样"的问题，或"必然"是什么样的问题。《手稿》还没有历史性原则，没有社会规律思想。

第二，《手稿》的基本理论原则是从抽象推导出具体，即是从抽象的劳动异化推导出私有制、从抽象的类本质的异化和复归推导出共产主义，这同后来通过对现实的社会基本矛盾的分析中批判资本主义、论证共产主义的原则是不同的。

认为《手稿》立足劳动、实践、讲人时也讲到社会关系，就成熟

了，这实际上是用后来的成熟思想去解释《手稿》。《手稿》中的劳动、实践、社会及其社会关系的概念同后来在《形态》中的这些概念是不同的。《手稿》中讲的"劳动"、"实践"、"社会关系"、"社会"都还是一些抽象的概念。

但是，我们不能完全否定《手稿》在马克思哲学形成过程中的作用。马克思把人的劳动、实践、社会、社会关系引入对人和社会的认识（尽管是抽象的），但同费尔巴哈已经有了一定区别，为后来历史唯物主义的产生奠定了基础。

同时，《手稿》中衡量、评价社会历史的价值的、人道主义尺度、原则也应当成为观察、研究、评价历史和人的基本原则之一（现行教科书缺少这一原则）。历史发展的必然性和必要性、实然性和应然性、历史的尺度和人道的尺度是内在统一的。《手稿》尽管是抽象的，但也为我们提供了一个方面、一个尺度——人道主义尺度。

二、《提纲》——马克思新世界观的萌芽

恩格斯指出，《提纲》是包含新世界观萌芽的第一份文件，《提纲》为马克思主义哲学制定了理论体系的纲领，《提纲》中的思想在《形态》中得到充分展开、发挥；《提纲》主要功绩是批判了费尔巴哈，《提纲》第一次批判了费尔巴哈的旧唯物主义，《提纲》用实践作为解释原则，阐述马克思的新哲学与费尔巴哈旧哲学的十一条区别；《提纲》确立了崭新的思维方式——实践思维方式，《提纲》中实践的意义不只是在认识论上，《提纲》中实践是作为一种思维方式、一种解释原则的：有了实践，引起马克思看所有问题都区别于费尔巴哈旧哲学，所以马克思主义哲学是实践的唯物主义，实践唯物主义超越唯物主义和唯心主义的对立，因为实践既有唯物主义的客观性——人的感性活动，又有唯心辩证法的主体能动性。

《提纲》时期，马克思自觉地把自己的思想同费尔巴哈划清了界限。同时，开始用社会关系说明在现实性上人的本质，但是《提纲》时期马克思还没有把历史性作为他的基本理论原则。由于《提纲》还没有后来《形态》社会历史必然性规律性的思想，因而这里讲的实践，还停留在人对自然界抽象的能动性上。上世纪 80 年代末 90 年代初国内盛行的实践哲学（包括实践唯物主义、实践本体轮等）讲的实践都是离开历史唯物主义的抽象实践，因为他们不把历史唯物主义看成世界观，而仅仅看成是一种历史观。实践的基本结构是主客体关系结构，由此确立的哲学解释框架就是一个主客体的对立与统一的结构，历史唯物主义仅仅是从属于主体的部分。

三、《形态》——第一部马克思主义哲学成熟著作

《手稿》	→	《提纲》	→	《形态》
不成熟	→	萌芽	→	成熟
异化类本质	→	实践	→	社会规律
批判黑格尔	→	批费尔巴哈	→	清算信仰
火花	→	提纲	→	理论体系

（1）《德意志意识形态》一书是马克思、恩格斯共同完成的第一部完全成熟的马克思主义哲学的专著。这样说，除了根据对马克思主义哲学的理解之外，还有充分的**文本根据**：

A 恩格斯在评价马克思的《关于费尔巴哈的提纲》时说过，提纲"是包含着新世界观天下萌芽的第一个文件"。这里除了肯定《提纲》的天才思想之外，也对《提纲》的意义做了限制，即它只是天才"萌芽"。是萌芽，就不是完全成熟的。《提纲》还只是包含着"天才萌芽的第一个文件"，说明了在《提纲》之前，还没有这样的文件，这就意

味着，恩格斯认为，《提纲》之前的《手稿》不成熟。

B 马克思在《＜政治经济学批判＞序言》中说："当 1845 年春他（指恩格斯）也住在布鲁塞尔时，我们决定共同钻研我们的见解与德国哲学思想体系之间的对立，实际上是把我们从前的哲学信仰清算一下。这个心愿是以批判黑格尔以后的哲学形式来实现的"① 这是说，马克思 1845 年春写作《提纲》时才要清算自己的哲学信仰，意识到自己与费尔巴哈哲学的对立。而《手稿》时期，马克思还没有意识到自己与费尔巴哈哲学的区别，还没有跳出费尔巴哈人本学唯物主义旧哲学。

恩格斯在《关于共产主义者同盟的历史》一文中也说："当我们（指与马克思）1845 年春天在布鲁塞尔再次会面时，马克思已经从上述基本原理出发大致完成了发挥他的唯物主义历史理论的工作，于是我们就着手在各个极为不同的方面详细制定这些新观点了。"②

下面通过《手稿》、《提纲》、《形态》的比较，说明《形态》是成熟著作。

C 通过《手稿》中马克思对费尔巴哈的评价可以证明《手稿》时期马克思基本还是站在费尔巴哈的立场评价费尔巴哈的（见拓展阅读 4.《手稿》《提纲》马克思对待费尔巴哈态度的转变）。

而在《形态》一书中，马克思主要是针对费尔巴哈的。这同《手稿》相比，是一个大转弯。在《形态》一书的注释中，马克思说："我们这些意见主要是针对费尔巴哈的，因为只有他才多少向前迈进了几步，只有他的著作可以认真加以分析。"③《形态》时期马克思认为："费尔巴哈从来没有看到真实存在着的、活动的人，

---

① 《马克思恩格斯选集》第 2 卷，第 83-84 页。
② 《马克思恩格斯选集》第 4 卷，第 192 页。
③ 《马克思恩格斯选集》第 1 卷，第 21 页。

而是停留在抽象的'人'上，并且仅仅限于在感情范围内承认'现实的、单独的、肉体的人'，也就是说，除了爱情和友情，而且是理想化了的爱和友情之外，他不知道'人与人之间'还有什么其他人的关系。"①

D　马克思在《提纲》中批判的就是费尔巴哈不理解社会关系，显然同《手稿》是存在着原则对立的。在《提纲》中，马克思指出："费尔巴哈把宗教的本质归结为人的本质，但是人的本质并不是单个人所固有的抽象物，在其现实性上，它是一切社会关系的总和。"（《提纲》第六条），马克思批判费尔巴哈："他只能把人的本质理解为'类'，理解为一种内在的、无声的、把许多个人纯粹自然地联系起来的共同性。"（《提纲》第六条）。而《手稿》中马克思说："费尔巴哈也使'人与人之间的社会关系'成了理论的基本原则。"这就说明马克思的《手稿》在其基本理论原则上还是不成熟的。

《德意志意识形态》是第一部成熟的哲学著作。这里有一个棘手的问题：即怎样全面认识《手稿》、《提纲》和《形态》的关系问题：《提纲》和《手稿》只是马克思哲学形成中的一个必要的环节，还是不成熟著作。《形态》也是马克思的唯一的一部系统论述由他自己创立的成熟的新唯物主义世界观的著作。

既然《形态》是第一步成熟的著作，而马克思的后来的哲学思想，又都是零星地体现在他的经济、书信和科学社会主义著作中，这也就决定了这本著作是马克思的唯一的一部系统论述由他自己创立的新唯物主义世界观的著作，也是研究马克思主义哲学不能越过的最重要的著作。

我们应该把《手稿》、《提纲》、《形态》联系起来进行比较研究，

---

① 《马克思恩格斯选集》第 1 卷，第 50 页。

搞清马克思早期思想发展的逻辑。由于早期三部著作的观点存在着冲突，那么对这几本书的不同评价，实际上反映了人们对于马克思主义哲学的不同看法。如果我们不搞清这些分歧，我们就无法对马克思早期思想及其发展作出正确的理解。例如现在很多人重视《手稿》胜过重视《德意志意识形态》，国外甚至有人用《手稿》否定《德意志意识形态》极其马克思后期著作。可见，对《手稿》、《形态》两部著作的评价不同，直接关系到我们到底应当肯定哪部著作的观点。对这些著作的评价不同，就会对马克思哲学有完全不同的理解。

《手稿》《提纲》《形态》在马克思主义发展史上的地位比较表

	《手稿》	《提纲》	《形态》
核心思想	异化　类本质	实践	社会规律
批判对象	批判黑格尔	批判费尔巴哈	批判费尔巴哈
马克思主义发展阶段	不成熟	萌芽	成熟
在马克思主义发展中的作用	把劳动引入对人和社会的认识中（尽管是抽象的）。《手稿》中价值的、人道主义的原则应当成为观察评价社会历史和人的基本原则	新世界观萌芽的第一份文件，为马克思主义哲学制定了理论体系的纲领，第一次批判了费尔巴哈的旧唯物主义，用实践作为解释原则，阐述马克思的新哲学与费尔巴哈旧哲学的十一条区别，确立了崭新的思维方式——实践思维方式	马克思的唯一一部系统论述由他自己创立的成熟的新唯物主义世界观的著作。发现了社会基本矛盾运动规律

　　对于经典著作的学习不应当仅仅局限于著作的词句，应当根据文本，弄清马克思主义的一些基本观点，即应当结合我们对《马克思主义基本原理》的研究学习经典著作。力求通过对马克思原著的学习搞清马克思主义的一些重要问题。

参考文献

马克思恩格斯：《马克思恩格斯选集》第 1 卷，人民出版社 1995 年版。

《马克思早期著作研究》，三联书店 1963 年版。

卢卡奇：《历史与阶级意识》，商务印书馆 1992 年版。

杨耕：《为马克思辩护》，黑龙江人民出版社，2002 年版。

俞吾金：《实践诠释学》，云南人民出版社 2002 年 6 月版。

张一兵：《西方马克思主义哲学的历史逻辑》，南京大学出版社 2003 年 10 月版。

韩庆祥等：《人学——人的问题的当代阐释》，云南人民出版社，2001 年版。

李德顺：《价值论》，中国人民大学出版社，1987 年版。

高清海. 胡海波. 贺来：《人的类生命与类哲学》，吉林人民出版社 1998 年版。

韩喜平 薛萍：马克思主义经典著作研究，吉林大学出版社，2012 年 3 月版。

高文新：《马克思理论基本范畴研究》，吉林大学出版社 1997 年 9 月版。

张一兵："无形的本体论牢狱"，《马克思主义研究》2001 年第

1 期。

吴晓明：马克思哲学的秘密和诞生地—《1844 年年经济学哲学手稿》探微，复旦学报 1996 年 4 期。

艾福成、白刚：人——实践——历史《学习与探索》，2002 年第 5 期。

孙正聿：《怎样理解作为世界观理论的哲学》，哲学研究 2001 年第 1 期。

刘福森：生存的关照：历史唯物主义的解释原则，《理论探讨》2002 年第 2 期。

刘福森：主体性原则、实践性原则和社会历史性原则，《社会科学战线》1991 年第 3 期。

刘福森：马克思主义认识论与历史唯物主义，《社会科学战线》1992 年 3 期。

刘福森：马克思的新哲学观和新世界观，《学习与探索》1998 年 1 期。

刘福森：从实践唯物主义到历史唯物主义，《理论探讨》2001 年 6 期。

刘福森：公平的历史尺度和人道尺度，《人文杂志》2001 年 5 期。

刘福森：从本体论到生存论——马克思实现哲学变革的实质，《吉林大学学报》2007 年 3 期。

张和平：《手稿》的人道主义与马克思主义，《晋阳学刊》1997 年第 1 期。

朱宝信：论"异化"在马哲中的重要地位，《广西社会科学》1997 年第 1 期。

朱宝信：人的实践本质的全面论证，《贵州师范大学学报》2002 年第 4 期。

朱宝信：论《手稿》在马克思主义哲学形成中的重要地位，《西南师范大学学报》1998 年第 6 期。

杨思基：认识世界和改造世界及哲学本性，《南京社会科学》2008 年第 4 期。

陈刚：马克思的异化劳动理论及其现代意义，《东岳论丛》2005 年第 1 期。

何进："现实的个人"及逻辑进程，《理论学习月刊》1998 年第 9 期。

符永雄：新哲学的诞生地，《新东方》2002 年第 2 期。

韩媛：从《形态》看马克思主义唯物史观的前提和出发，《理论月刊》2004 年第 7 期。

吴远：关于人的本质的哲学思考，《南京大学学报》1995 年第 21 期。

孙强：《手稿》与唯物史观的形成，复旦学报 2000 年第 6 期。

余常德：关于人的本质的几个问题，西南师范大学学报 1998 年第 1 期。

赵民：从异化劳动理论到"实践的唯物主义"，《兰州学刊》2004 年第 6 期。

丛大川：重新解读马克思《提纲》的哲学精神实质，理论探讨 1998 年第 3 期。

邹国球：异化劳动：伦理意义及其缺失，2004 年第 3 期。

薛萍：进一步挖掘马克思恩格斯经典著作中的历史唯物主义思想，《科学社会主义》2003 年第 3 期。

薛萍：马克思恩格斯早著作中"人"的思想的演进历程，《理论前沿》2006 年第 21 期。

附：马克思《1844 年经济学哲学手稿》原文节选

[异化劳动和私有财产]

〔XXII〕我们是从国民经济学的各个前提出发的。我们采用了它的语言和它的规律。我们把私有财产，把劳动、资本、土地的互相分离，工资、资本利润、地租的互相分离以及分工、竞争、交换价值概念等等当作前提。我们从国民经济学本身出发，用它自己的话指出，工人降低为商品，而且降低为最贱的商品；工人的贫困同他的产品的力量和数量成反比；竞争的必然结果是资本在少数人手中积累起来，也就是垄断的更惊人的恢复；最后，资本家和地租所得者之间、农民和工人之间的区别消失了，而整个社会必然分化为两个阶级，即有产者阶级和没有财产的工人阶级。

国民经济学从私有财产的事实出发。它没有给我们说明这个事实。它把私有财产在现实中所经历的物质过程，放进一般的、抽象的公式，然后把这些公式当作规律。它不理解这些规律，就是说，它没有指明这些规律是怎样从私有财产的本质中产生出来的。国民经济学没有向我们说明劳动和资本分离以及资本和土地分离的原因。例如，当它确定工资和资本利润之间的关系时，它把资本家的利益当作最终原因；就是说，它把应当加以阐明的东西当作前提。同样，竞争到处出现，对此则用外部情况来说明。至于这种似乎偶然的外部情况在多大程度上仅仅是一种必然的发展过程的表现，国民经济学根本没有向我们讲明。我们已经看到，交换本身在它看来是偶然的事实。贪欲以及贪欲者之间的战争即竞争，是国民经济学家所推动的仅有的车轮。

正因为国民经济学不理解运动的联系，所以才把例如竞争的学说同垄断的学说，行业自由的学说同同业公会的学说，地产分割的学说同大地产的学说重新对立起来。因为竞争、行业自由、地产分割仅仅被阐述和理解为垄断、同业公会和封建所有制的偶然的、蓄意的、强制的结果，而不是必然的、不可避免的、自然的结果。

因此，我们现在必须弄清楚私有制，贪欲和劳动、资本、地产三者的分离之间，交换和竞争之间，人的价值和人的贬值之间，垄断和竞争等等之间，这全部异化和货币制度之间的本质联系。

不要像国民经济学家那样，当他想说明什么的时候，总是置身于一种虚构的原始状态。这样的原始状态什么问题也说明不了。国民经济学家只是使问题堕入五里雾中。他把应当加以推论的东西即两个事物之间的例如分工和交换之间的必然关系，假定为事实、事件。神学家也是这样用原罪来说明恶的起源，就是说，他把他应当加以说明的东西假定为一种具有历史形式的事实。

我们且从当前的经济事实出发。

工人生产的财富越多，他的产品的力量和数量越大，他就越贫穷。工人创造的商品越多，他就越变成廉价的商品。物的世界的增值同人的世界的贬值成正比。劳动生产的不仅是商品，它生产作为商品的劳动自身和工人，而且是按它一般生产商品的比例生产的。

这一事实无非是表明：劳动所生产的对象，即劳动的产品，作为一种异己的存在物，作为不依赖于生产者的力量，同劳动相对立。劳动的产品是固定在某个对象中的、物化的劳动，这就是劳动的对象化。劳动的现实化就是劳动的对象化。在国民经济学假定的状况中，劳动的这种现实化表现为工人的非现实化，对象化表现为对象的丧失和被对象奴役，占有表现为异化、外化。

劳动的现实化竟如此表现为非现实化，以致工人非现实化到饿死的地步。对象化竟如此表现为对象的丧失，以致工人被剥夺了最必要的对象——不仅是生活的必要对象，而且是劳动的必要对象。甚至连劳动本身也成为工人只有通过最大的努力和极不规则的中断才能加以占有的对象。对对象的占有竟如此表现为异化，以致工人生产的对象越多，他能够占有的对象就越少，而且越受自己的产品即资本的统治。

这一切后果包含在这样一个规定中：工人对自己的劳动的产品的关系就是对一个异己的对象的关系。因为根据这个前提，很明显，工人在劳动中耗费的力量越多，他亲手创造出来反对自身的、异己的对象世界的力量就越强大，他自身、他的内部世界就越贫乏，归他所有的东西就越少。宗教方面的情况也是如此。人奉献给上帝的越多，他留给自身的就越少。工人把自己的生命投入对象；但现在这个生命已不再属于他而属于对象了。因此，这种活动越多，工人就越丧失对象。凡是成为他的劳动的产品的东西，就不再是他自身的东西。因此，这个产品越多，他自身的东西就越少。工人在他的产品中的外化，不仅意味着他的劳动成为对象，成为外部的存在，而且意味着他的劳动作为一种与他相异的东西不依赖于他而在他之外存在，并成为同他对立的独立力量；意味着他给予对象的生命是作为敌对的和相异的东西同他相对立。

〔XXIII〕现在让我们来更详细地考察一下对象化，工人的生产，并且考察对象即工人产品在对象化中的异化、丧失。没有自然界，没有感性的外部世界，工人什么也不能创造。它是工人的劳动得以实现、工人的劳动在其中活动、工人的劳动从中生产出和借以生产出自己的产品的材料。

但是，自然界一方面在这样的意义上给劳动提供生活资料，即没有劳动加工的对象，劳动就不能存在，另一方面，也在更狭隘的意义上提供生活资料，即维持工人本身的肉体生存的手段。

因此，工人越是通过自己的劳动占有外部世界、感性自然界，他就越是在两个方面失去生活资料：第一，感性的外部世界越来越不成为属于他的劳动的对象，不成为他的劳动的生活资料；第二，感性的外部世界越来越不给他提供直接意义的生活资料，即维持工人的肉体生存的手段。

因此，工人在这两方面成为自己的对象的奴隶：首先，他得到劳动的对象，也就是得到工作；其次，他得到生存资料。因此，他首先是作为工人，其次是作为肉体的主体，才能够生存。这种奴隶状态的顶点就是：他只有作为工人才能维持自己作为肉体的主体，并且只有作为肉体的主体才（能）是工人。

（按照国民经济学的规律，工人在他的对象中的异化表现在：工人生产得越多，他能够消费的越少；他创造价值越多，他自己越没有价值、越低贱；工人的产品越完美，工人自己越畸形；工人创造的对象越文明，工人自己越野蛮；劳动越有力量，工人越无力；劳动越机巧，工人越愚笨，越成为自然界的奴隶。）

国民经济学由于不考察工人（劳动）同产品的直接关系而掩盖劳动本质的异化。当然，劳动为富人生产了奇迹般的东西，但是为工人生产了赤贫。劳动生产了宫殿，但是给工人生产了棚舍。劳动生产了美，但是使工人变成畸形。劳动用机器代替了手工劳动，但是使一部分工人回到野蛮的劳动，并使另一部分工人变成机器。劳动生产了智慧，但是给工人生产了愚钝和痴呆。

劳动对它的产品的直接关系，是工人对他的生产的对象的关系。有产者对生产对象和生产本身的关系，不过是这前一种关系的结果，而且证实了这一点。对问题的这另一个方面我们将在后面加以考察。因此，当我们问劳动的本质关系是什么的时候，我们问的是工人对生产的关系。

以上我们只是从一个方面，就是从工人对他的劳动产品的关系这个方面，考察了工人的异化、外化。但是，异化不仅表现在结果上，而且表现在生产行为中，表现在生产活动本身中。如果工人不是在生产行为本身中使自身异化，那么工人活动的产品怎么会作为相异的东西同工人对立呢？产品不过是活动、生产的总结。因此，如果劳动的产品是外化，那么生产本身必然是能动的外化，活动的外化，外化的活动。在劳动对象的异化中不过总结了劳动活动本身的异化、外化。

那么，劳动的外化表现在什么地方呢？

首先，劳动对工人来说是外在的东西，也就是说，不属于他的本质；因此，他在自己的劳动中不是肯定自己，而是否定自己，不是感到幸福，而是感到不幸，不是自由地发挥自己的体力和智力，而是使自己的肉体受折磨、精神遭摧残。因此，工人只有在劳动之外才感到自在，而在劳动中则感到不自在，他在不劳动时觉得舒畅，而在劳动时就觉得不舒畅。因此，他的劳动不是自愿的劳动，而是被迫的强制劳动。因此，这种劳动不是满足一种需要，而只是满足劳动以外的那些需要的一种手段。劳动的异己性完全表现在：只要肉体的强制或其他强制一停止，人们会像逃避瘟疫那样逃避劳动。外在的劳动，人在其中使自己外化的劳动，是一种自我牺牲、自我折磨的劳动。最后，对工人来说，劳动的外在性表现在：这种劳动不是他自己的，而是别人的；劳动不属于他；他在劳动中也不属于他自己，而是属于别人。在宗教中，人的幻想、人的头脑和人的心灵的自主活动对个人发生作用不取决于他个人，就是说，是作为某种异己的活动，神灵的或魔鬼的活动发生作用，同样，工人的活动也不是他的自主活动。他的活动属于别人，这种活动是他自身的丧失。

因此，结果是，人（工人）只有在运用自己的动物机能吃、喝、生殖，至多还有居住、修饰等等——的时候，才觉得自己在自由活动，而在运用人的机能时，觉得自己只不过是动物。动物的东西成为人的东西，而人的东西成为动物的东西。

吃、喝、生殖等等，固然也是真正的人的机能。但是，如果加以抽象，使这些机能脱离人的其他活动领域并成为最后的和惟一的终极目的，那它们就是动物的机能。

我们从两个方面考察了实践的人的活动即劳动的异化行为。第一，工人对劳动产品这个异己的、统治着他的对象的关系。这种关系同时也是工人对感性的外部世界、对自然对象——异己的与他敌对的世界——的关系。第二，在劳动过程中劳动对生产行为的关系。这种关系是工人对他自己的活动——一种异己的、不属于他的活动——的关系。在这里，活动是受动；力量是无力；生殖是去势；工人自己的体力和智力，他个人的生命——因为，生命如果不是活动，又是什么呢？——是不依赖于他、不属于他、转过来反对他自身的活动。这是自我异化，而上面所谈的是物的异化。

〔XXIV〕我们现在还要根据在此以前考察的异化劳动的两个规定推出它的第三个规定。

人是类存在物，不仅因为人在实践上和理论上都把类——他自身的类以及其他物的类——当作自己的对象；而且因为——这只是同一种事物的另一种说法——人把自身当作现有的、有生命的类来对待，因为人把自身当作普遍的因而也是自由的存在物来对待。

无论是在人那里还是在动物那里，类生活从肉体方面来说就在于人（和动物一样）靠无机界生活，而人和动物相比越有普遍性，人赖以生活的无机界的范围就越广阔。从理论领域来说，植物、动物、石头、空气、光等等，一方面作为自然科学的对象，一方面作为艺术的对象，都是人的意识的一部分，是人的精神的无机界，是人必须事先进行加工以便享用和消化的精神食粮；同样，从实践领域来说，这些东西也是人的生活和人的活动的一部分。人在肉体上只有靠这些自然产品才能生活，不管这些产品是以食物、燃料、衣着的形式还是以住房等等的形式表现出来。在实践上，人的普遍性正是表现为这样的普遍性，它把整个自然首先作为人的直接的生活资料，其次作为人的生命活动的对象（材料）和工具——变成人的无机的身体。自然界，就它自身不是人的身体而言，是人的无机的身体。人靠自然界生活。这就是说，自然界是人为了不致死亡而必须与之处于持续不断的交互作用过程的、人的身体。所谓人的肉体生活和精神生活同自然界相联系，不外是说自然界同自身相联系，因为人是自然界的一部分。

异化劳动，由于（1）使自然界，（2）使人本身，使他自己的活动机能，使他的生命活动同人相异化，也就使类同人相异化；对人来说，它把类生活变成维持个人生活的手段。第一，它使类生活和个人生活异化；第二，把抽象形式的个人生活变成同样是抽象形式和异化形式的类生活的目的。

因为，首先，劳动这种生命活动、这种生产生活本身对人来说不过是满足一种需要即维持肉体生存的需要的一种手段。而生产生活就是类生活。这是产生生命的生活。一个种的整体特性、种的类特性就在于生命活动的性质，而自由的有意识的活动恰恰就是人的类特性。生活本身仅仅表现为生活的手段。

动物和自己的生命活动是直接同一的。动物不把自己同自己的生命活动区别开来。它就是自己的生命活动。人则使自己的生命活动本身变成自己意志的和自己意识的对象。他具有有意识的生命活动。这不是人与之直接融为一体的那种规定性。有意识的生命活动把人同动物的生命活动直接区别开来。正是由于这一点，人才是类存在物。或者说，正因为人是类存在物，他才是有意识的存在物，就是说，他自己的生活对他来说是对象。仅仅由于这一点，他的活动才是自由的活动。异化劳动把这种关系颠倒过来，以致人正因为是有意识的存在物，才把自己的生命活动，自己的本质变成仅仅维持自己生存的手段。

通过实践创造对象世界，改造无机界，人证明自己是有意识的类存在物，就是说是这样一种存在物，它把类看作自己的本质，或者说把自身看作类存在物。诚然，动物也生产。它为自己营造巢穴或住所，如蜜蜂、海狸、蚂蚁等。但是，动物只生产它自己或它的幼仔所直接需要的东西；动物的生产是片面的，而人的生产是全面的；动物只是在直接的肉体需要的支配下生产，而人甚至不受肉体需要的影响也进行生产，并且只有不受这种需要的影响才进行真正的生产；动物只生产自身，而人再生产整个自然界；动物的产品直接属于它的肉体，而人则自由地面对自己的产品。动物只是按照它所属的那个种的尺度和需要来构造，而人懂得按照任何一个种的尺度来进行生产，并且懂得处处都把内在的尺度运用于对象；因此，人也按照美的规律来构造。

因此，正是在改造对象世界中，人才真正地证明自己是类存在物。这种生产是人的能动的类生活。通过这种生产，自然界才表现为他的作品和他的现实。因此，劳动的对象是人的类生活的对象化：人不仅像在意识中那样在精神上使自己二重化，而且能动地、现实地使自己二重化，从而在他所创造的世界中直观自身。因此，异化劳动从人那里夺去了他的生产的对象，也就从人那里夺去了他的类生活，即他的现实的类对象性，把人对动物所具有的优点变成缺点，因为从人那里夺走了他的无机的身体即自然界。

同样，异化劳动把自主活动、自由活动贬低为手段，也就把人的类生活变成维持人的肉体生存的手段。

因此，人具有的关于自己的类的意识，由于异化而改变，以致类生活对他来说竟成了手段。

这样一来，异化劳动导致：

（3）人的类本质——无论是自然界，还是人的精神的类能力——变成对人来说是异己的本质，变成维持他的个人生存的手段。异化劳动使人自己的身体，同样使在他之外的自然界，使他的精神本质，他的人的本质同人相异化。

（4）人同自己的劳动产品、自己的生命活动、自己的类本质相异化的直接结果就是人同人相异化。当人同自身相对立的时候，他也同他人相对立。凡是适用于人对自己的劳动、对自己的劳动产品和对自身的关系的东西，也都适用于人对他人、对他人的劳动和劳动对象的关系。

总之，人的类本质同人相异化这一命题，说的是一个人同他人相异化，以及他们中的每个人都同人的本质相异化。

人的异化，一般地说，人对自身的任何关系，只有通过人对他人的关系才得到实现和表现。

因此，在异化劳动的条件下，每个人都按照他自己作为工人所具有的那种尺度和关系来观察他人。

〔XXV〕我们的出发点是经济事实即工人及其产品的异化。

我们表述了这一事实的概念：异化的、外化的劳动。我们分析了这一概念，因而我们只是分析了一个经济事实。

现在让我们看一看，应该怎样在现实中去说明和表述异化的、外化的劳动这一概念。

如果劳动产品对我来说是异己的，是作为异己的力量面对着我，那么它到底属于谁呢？

如果我自己的活动不属于我，而是一种异己的活动、一种被迫的活动，那么它到底属于谁呢？

属于另一个有别于我的存在物。

这个存在物是谁呢？

是神吗？确实，起初主要的生产活动，如埃及、印度、墨西哥的神殿建造等等，是为了供奉神的，而产品本身也是属于神的。但是，神从来不单独是劳动的主人。自然界也不是。而且，下面这种情况多么矛盾：人越是通过自己的劳动使自然界受自己支配，神的奇迹越是由于工业的奇迹而变成多余，人就越是会为了讨好这些力量而放弃生产的乐趣和对产品的享受。

劳动和劳动产品所归属的那个异己的存在物，劳动为之服务和劳动产品供其享受的那个存在物，只能是人自身。

如果劳动产品不属于工人，并作为一种异己的力量同工人相对立，那么这只能是由于产品属于工人之外的他人。如果工人的活动对他本身来说是一种痛苦，那么这种活动就必然给他人带来享受和生活乐趣。不是神也不是自然界，只有人自身才能成为统治人的异己力量。

还必须注意上面提到的这个命题：人对自身的关系只有通过他对他人的关系，才成为对他来说是对象性的、现实的关系。因此，如果人对自己的劳动产品即对象化劳动的关系，就是对一个异己的、敌对的、强有力的、不依赖于他的对象的关系，那么他对这一对象所以发生这种关系就在于有另一个异己的、敌对的、强有力的、不依赖于他的人是这一对象的主人。如果人把他自己的活动看作一种不自由的活动，那么他是把这种活动看作替他人服务的受他人支配的、处于他人的强迫和压制之下的活动。

人同自身和自然界的任何自我异化，都表现在他使自身和自然界跟另一些与他不同的人所发生的关系上。因此，宗教的自我异化也必然表现在世俗人对僧侣或者世俗人对耶稣基督——因为这里涉及精神世界——等等的关系上。在实践的、现实的世界中，自我异化只有通过对他人的实践的、现实的关系才能表现出来。异化借以实现的手段本身就是实践的。因此，通过异化劳动，人不仅生产出他对作为异己的、敌对道德的力量的生产对象和生产行为的关系，而且还生产出他人对他的生产和他的产品的关系，以及他对这些他人的关系。正像他把他自己的生产变成自己的非现实化，变成对自己的惩罚一样，正像他丧失掉自己的产品并使它变成不属于他的产品一样，他也生产出不生产的人对生产和产品的支配。正像他使他自己的活动同自身相异化一样，他也使与他相异的人占有非自身的活动。

到目前为止，我们只是从工人方面考察了这一关系；下面我们还要从非工人方面来加以考察。

　　总之，通过异化的、外化的劳动，工人生产出一个对劳动生疏的、站在劳动之外的人对这个劳动的关系。工人对劳动的关系，生产出资本家——或者不管人们给劳动的主人起个什么别的名字——对这个劳动的关系。

　　因此，私有财产是外化劳动即工人对自然界和对自身的外在关系的产物、结果和必然后果。

　　因此，我们通过分析，从外化劳动这一概念，即从外化的人、异化劳动、异化的生命、异化的人这一概念得出私有财产这一概念。

　　诚然，我们从国民经济学得到作为私有财产运动之结果的外化劳动（外化的生命）这一概念。但是，对这一概念的分析表明，尽管私有财产表现为外化劳动的根据和原因，但确切地说，它是外化劳动的后果，正像神原先不是人类理智迷误的原因，而是人类理智迷误的结果一样。后来，这种关系就变成相互作用的关系。

　　私有财产只有发展到最后的、最高的阶段，它的这个秘密才重新暴露出来，就是说，私有财产一方面是外化劳动的产物，另一方面又是劳动借以外化的手段，是这一外化的实现。

　　这些论述使至今没有解决的各种矛盾立刻得到阐明。

　　（1）国民经济学虽然从劳动是生产的真正灵魂这一点出发，但是它没有给劳动提供任何东西，而是给私有财产提供了一切。蒲鲁东从这个矛盾得出了有利于劳动而不利于私有财产的结论。然而，我们看到，这个表面的矛盾是异化劳动同自身的矛盾，而国民经济学只不过表述了异化劳动的规律罢了。

　　因此，我们也看到，工资和私有财产是同一的，因为用劳动产品、劳动对象来偿付劳动本身的工资，不过是劳动异化的必然后果，因为在工资中，劳动并不表现为目的本身，而表现为工资的奴仆。下面我们要详细说明这个问题，现在还只是作出几点〔XXVl〕结论。

　　强制提高工资（且不谈其他一切困难，不谈强制提高工资这种反常情况也只有靠强制才能维持），无非是给奴隶以较多工资，而且既不会使工人也不会使劳动获得人的身份和尊严。

甚至蒲鲁东所要求的工资平等，也只能使今天的工人对自己的劳动的关系变成一切人对劳动的关系。这时社会就被理解为抽象的资本家。

工资是异化劳动的直接结果，而异化劳动是私有财产的直接原因。因此，随着一方衰亡，另一方也必然衰亡。

（2）从异化劳动对私有财产的关系可以进一步得出这样的结论：社会从私有财产等等解放出来、从奴役制解放出来，是通过工人解放这种政治形式来表现的，这并不是因为这里涉及的仅仅是工人的解放，而是因为工人的解放还包含普遍的人的解放；其所以如此，是因为整个的人类奴役制就包含在工人对生产的关系中，而一切奴役关系只不过是这种关系的变形和后果罢了。

正如我们通过分析从异化的、外化的劳动的概念得出私有财产的概念一样，我们也可以借助这两个因素来阐明国民经济学的一切范畴，而且我们将重新发现，每一个范畴，例如买卖、竞争、资本、货币，不过是这两个基本因素的特定的、展开了的表现而已。

但是，在考察这些范畴的形成以前，我们还打算解决两个任务：

（1）从私有财产对真正人的和社会的财产的关系来规定作为异化劳动的结果的私有财产的普遍本质。

（2）我们已经承认劳动的异化、劳动的外化这个事实，并对这一事实进行了分析。现在要问，人怎么使他的劳动外化、异化？这种异化又怎么以人的发展的本质为根据？我们把私有财产的起源问题变为外化劳动对人类发展进程的关系问题，就已经为解决这一任务得到了许多东西。因为人们谈到私有财产时，认为他们谈的是人之外的东西。而人们谈到劳动时，则认为是直接谈到人本身。问题的这种新的提法本身就已包含问题的解决。

补入（1）私有财产的普遍本质以及私有财产对真正人的财产的

关系。

在这里外化劳动分解为两个组成部分，它们互相制约，或者说，它们只是同一种关系的不同表现，占有表现为异化、外化，而外化表现为占有，异化表现为真正得到公民权。

我们已经考察了一个方面，考察了外化劳动对工人本身的关系，也就是说，考察了外化劳动对自身的关系。我们发现，这一关系的产物或必然结果是非工人对工人和劳动的财产关系。私有财产作为外化劳动的物质的、概括的表现，包含着这两种关系：工人对劳动、对自己的劳动产品和对非工人的关系，以及非工人对工人和工人的劳动产品的关系。

我们已经看到，对于通过劳动而占有自然界的工人来说，占有表现为异化，自主活动表现为替他人活动和表现为他人的活动，生命的活跃表现为生命的牺牲，对象的生产表现为对象的丧失，转归异己力量、异己的人所有。现在我们就来考察一下这个同劳动和工人生疏的人对工人、劳动和劳动对象的关系。

首先必须指出，凡是在工人那里表现为外化的、异化的活动的东西，在非工人那里都表现为外化的、异化的状态。

其次，工人在生产中的现实的、实践的态度，以及他对产品的态度（作为一种内心状态），在同他相对立的非工人那里表现为理论的态度。

〔XXVll〕第三，凡是工人做的对自身不利的事，非工人都对工人做了，但是，非工人做的对工人不利的事，他对自身却不做。我们来进一步考察这三种关系。

后　记

这是我最想写的一本书。

1983 年，还算是一个朴实的年代。20 岁的我，正是一个在哲学王国里探求世界观学问的大二学子。那一年，因纪念马克思逝世一百周年活动所引发的"人道主义与异化问题"的争论，让我开始关注《1844 年经济学哲学手稿》（以下简称《手稿》）这部马克思的早期著作。1985 年，开始读马克思主义哲学专业硕士研究生，在学界"《手稿》热"背景下，《手稿》于是成为我开始理论研究的首选。

以我当时的理解能力，《手稿》艰深晦涩；从周扬《关于马克思主义的几个理论问题的探讨》中，我看出一些道理，有些醒悟；再读胡乔木《人道主义与异化问题》，语言流畅华美，亦觉道理成立；继研读《手稿》后，再读马克思《关于费尔巴哈的提纲》、《德意志意识形态》，发现三部著作中马克思自身思想发生着急剧的变化甚至是对立！研究马克思的人都知道，在 1983 年开始的"人道主义与异化问题"争论之前，《手稿》一直是被忽略的，在我们对马克思主义的认识和理解中，作为文本根据的，《手稿》不在其列。

对一个初出茅庐的我，《手稿》本身的晦涩、学界的不同观点与争论、马克思思想前后的矛盾，一度让我云里雾里，颇费思量，在我的头脑中闪出一系列问号：如何认识《手稿》和马克思其它著作的关系？究竟什么是真正的马克思主义？马克思的思想发展存在怎样的内在逻辑？怎样认识马克思各著作的历史地位？随着深入地学习、研究、思索，渐渐开始有了一些自己的认识和思考。

吉林大学有着厚重的马克思主义原著研究传统。在攻读硕、博期间，我亲耳聆听我的硕士、博士导师，以及其他马克思主义经典著作研究专家讲授《手稿》，他们各具特色、各见功力的讲授，使我对《手稿》有了更高层次、更加深入的理解。

今天，我终于把多年研究《手稿》的思考汇聚成书，这既是向多年培养我的母校、恩师的一个汇报，也似乎是恩师们终于放飞，让我独闯世界了！因此，我的内心既充满喜悦、兴奋之情，又存在真理与谬误之间那种忐忑！

众所周知，对马克思研究的火热程度已今非昔比，但作为一种文化精华的马克思主义，依然需要我们立足新的实践不断深入认识其理论真髓、精神实质。同时我相信，伴随我思想成长，并烂熟于心的这部《手稿》，不论是当年那些对它多彩涂鸦之下的眉批、随想，还是今天经过历练沉淀成册的这本小书，或多或少，一定会有接近真理的地方。

我终于完成了一个愿望！而一个愿望的实现，也就意味着新愿望的开始，我依旧在踌躇……

薛萍

2014 年 2 月